CW01652444

CEGIN Y DIAFOL

SIÔN EIRIAN

Cedwir pob hawl. Ni ellir atgynhyrchu unrhyw ran o'r cyhoeddiad hwn na'i gadw mewn unrhyw ddull na thrwy unrhyw gyfrwng electronig, electrostatig, tâp magnetig, mecanyddol, llungopïo, recordio nac fel arall heb ganiatâd ymlaen llaw gan y cyhoeddwr.

Cynllun y clawr - Catrin Llwyd

Lluniau - o'r cynhyrchiad cyntaf

Ffotograffydd - Ian Homer

Cysodi - Richard Huw Pritchard

Paratoi'r deunydd ar gyfer y wasg - Eirian Jones

Argraffwyd gan Y Lolfa

ISBN: 1 85644 630 1

Y Ganolfan Astudiaethau Addysg, Yr Hen Goleg, Prifysgol Cymru, Stryd y Brenin, Aberystwyth, Ceredigion, SY23 2AX.

Ffôn: 01970 622128 Ffacs: 01970 622122 e-bost: lij@aber.ac.uk

Hawlfraint: SIÔN EIRIAN Ionawr 2001

Comisiynwyd y ddrama hon gan **Goleg Cerdd a Drama Cymru.**

Coleg Cerdd a Drama Cymru, Maes y Castell, Parc Cathays, Caerdydd, CF10 3ER.

Dymuna'r awdur ddiolch i Glyn Saunders Jones a Chanolfan Astudiaethau Addysg, Prifysgol Cymru, Aberystwyth am bob cymorth parod gyda'r cysodi a'r cyhoeddi. Diolch hefyd i Simon Brooks am y caniatâd i ddefnyddio adolygiad Kate Woodward, a ymddangosodd gyntaf yn rhifyn Mawrth 2001 o'r Cylchgrawn **Barn**.

Mae'r diolch mwyaf i Goleg Cerdd a Drama Cymru am gomisiynu a llwyfannu'r ddrama - i'r Prifathro Edmond Fivet am ei gefnogaeth i'r fenter, ac yn bennaf oll i Catrin Llwyd am ei gwaith diflino ac arloesol gyda'r cwrs actio Cymraeg yn y Coleg o flwyddyn i flwyddyn.

SIÔN EIRIAN

Llwyfanwyd **Cegin y Diafol** am y tro cyntaf yn Stiwdio Caird, Coleg Cerdd a Drama Cymru ar Chwefror 7fed 2001.

Nimrod .... Aled Pugh

Gwylan .... Catrin Mara

Pam .... Elen Gwynne

Sophie .... Kate Jarman

Greta .... Branwen Davies

Cyfarwyddwr .... Tim Baker
Cynllunydd .... Max Jones
Cynllunydd Goleuo .... Eli Atkinson
Cynllunydd Sain .... Benjamin Naylor
Rheolwr Llwyfan .... Matthew Townsend
Dirprwy Reolwr Llwyfan .... Ryan Evans
Rheolwr Llwyfan Cynorthwyol .... Becky Nadin
Technegydd .... Kate Borde
Cynorthwy-ydd Cynllunio .... Hannah Blake
Cynorthwy-ydd Gwisgoedd .... Laura Thomas
Arolygwr Cynhyrchiad .... Elanor Higgins
Arolygwr Cynllunio .... Sean Crowley
Arolygwr Gwisgoedd .... Jill Salen
Rheolwr Gweithdy .... Paul Cisowski
Prif Saer .... Jan Cisowski
Saer Llwyfan .... Mark Hobbs
Rheolwr Technegol .... Ian Evans
Meistres y Gwisgoedd .... Annette Tudor
Technegydd Cynllunio .... Cameron Lawrence

CEGIN Y DIAFOL

CERDDORIAETH GAN ENYA (o'r trac "Boadicea"), I GYFLEU NAWS DWYS A DI-AMSER, AR DDECHRAU'R OLYGFA, AC MEWN MANNAU ERAILL ADDAS DRWY GYDOL Y DDRAMA.

SŴN STORM YN TORRI.

DRWY RYW ACWSTIG PELL AC ANEGLUR MAE LLAIS YN LLEFARU.

LLAIS: Coloneiddio. Enghraifft Un.
Mangre:
Cyrion Rhufain. Gweithdy gofaint.
Gwreichion a chwys, gwres yn tagu'r llwnc
Llygaid yn llidus, llenwi sach ar ôl sach
Â chleddyfau, picelli, helmedau …
I hebrwng y llengoedd milwyr
Fyddai'n coloneiddio cyfandir cyfan
Drwy rym y cledd, y darian efydd, yr eryr aur.

Arfau i gynnal y catrawdau fyddai'n gwareiddio
Gwledydd y byd cognito
Carped coch cyfandir o gelanedd.

YN YSTOD HYN, YN RADDOL MAE'R GOLAU YN CODI AR Y LLWYFAN TYWYLL.

GWELWN AMLINELLIAD Y CELFI CEGIN A FFIGUR DYN YN CRWYDRO I MEWN I'R YSTAFELL.

Y DYN YN FFEINDIO SWITS GOLEUADAU, A'R LLWYFAN YN SYDYN YN LLAWN GOLAU.

GWELWN YSTAFELL GYMHAROL FOEL. MAE YNDDI FFWRN

GOGINIO, A CHAFN GOLCHI LLESTRI. MAE YNDDI HEFYD FWRDD GWEDDOL FAWR – Y MATH O FWRDD LLE GELLIR TORRI A PHARATOI BWYD MEWN CEGIN BRYSUR. FEL ARALL Y CWBL SYDD YMA YW CWPL O GADEIRIAU A'R BOCSYS MAWR HEB EU DADBACIO, WEDI EU STACIO RYWSUT RYWFODD.

YN Y CEFN MAE DRWS ALLAN. DRWS DWBL YW HWN YN ARWAIN I RYW FATH O FUARTH CEFN. HEFYD MAE 'NA DDRYSAU MEWNOL SY'N ARWAIN O'R GEGIN I STAFELL FWYTA NEU I RAN ARALL O'R HEN ADEILAD.

MAE'R DYN, ***NIMROD****, YN EI DRÔNS. MAE'N FFEINDIO TROWSUS SIEC COGYDD, A FFEDOG. GWISGA RHAIN A'I YMENNYDD FEL PE BAI'N SUO I SEINIAU Y GERDDORIAETH.*

HEFYD WRTH ORFFEN GWISGO MAE E'N DECHRAU TORRI LLYSIAU AR WYNEB PREN Y BWRDD, GYDA SYMUDIADAU CELFYDD, CYFLYM, BRON FEL PETAI'R DDEFOD WEDI EI CHOREOGRAFFIO.

O DAN BENTWR O FLANCEDI SY'N GORWEDD FEL TWMPATH GWAHADDEN AR GANOL Y LLAWR GWAG, MAE RHYWBETH, RHYWUN, YN DECHRAU SYMUD.

GRIDDFAN BLINDERUS. PEN YN YMDDANGOS O BLYGION Y BLANCEDI. PERCHENNOG Y PEN YW ***GWYLAN****.*

GWYLAN: Wyddost ti be ydw i'n 'i glywed Nimrod?

NIMROD: Sŵn torri bwyd. Miss. Fft – fft – fft …

GWYLAN: 'Na fo Nimrod. Fel glaw ar do. Rhyw fud ffrwtian pell.

NIMROD: (*AMYNEDDGAR*) Sŵn torri bwyd Miss . . .

GWYLAN: Bron fel siffrwd. Traed drwy ddrysni. Allan fanna ella. Oes 'na rywun yna? Tu allan y tŷ?

MAE HI YN EISTEDD FYNY BELLACH, AC YN EDRYCH O'I CHWMPAS.

GWYLAN: Ne yn y bocsys cludo? Rhywun ne rwbeth yn symud, yn siffrwd …

NIMROD: Beth alle fod mewn bocs gwedwch? Yn siffrwd? Bubble-wrap.

GWYLAN: Yn y 'mennydd, fewn fanma? Sŵn wedi lapio'n sownd, wedi'i ddal am eiliad. Diferion bach, tu fewn i'r dim. Nimrod? Be ydi'r goglais tu fewn i'r gwag, fewn fanma?

NIMROD: Beth yw y gwag Miss? Ma heddi yn wag …

GWYLAN: Heddiw? Yn wag? Ie - fel cynfas i chdi a fi. Braf.

NIMROD: Diwrnod arall. Dalen wag. I ni gyd. Miss. Teimlad neis. Trothwy glân. Dim ôl trad, dim ach-a-fi.

GWYLAN: 'Neith hyn mo'r tro. Ddim o gwbl Nimrod. Ma'r lle ma'n ddi-liw. Be 'di'r pwynt cael lle o gwbl, os nad oes lliwie? Dwi wedi teithio'n rhy bell i ddiweddu fyny mewn byd llwyd. Bydded lliwie. Rwan hyn Nimrod. Bwyda fi.

*MAE **NIMROD** YN ESTYN DYRNAID ARALL O LYSIAU FFRES O FAG PLASTIG, A'U RHOI AR Y BWRDD TORRI.*

NIMROD: O Bridd …

MAE GANDDO FORON OREN A THUSW O WYRDD AR EU PENNAU, A PHIMENTOS COCH, MELYN A GWYRDD.

NIMROD: O Bridd …

MAE'N DECHRAU TORRI'R LLYSIAU Â CHYLLELL. ***GWYLAN*** *YN DECHRAU RHOI MINLLIW AR EI GWEFUSAU, AC YN CYMRYD STRIBED O BIMENTO COCH.*

GWYLAN: 'Na fo. Sglein ysgarlad. Lliw gwefuse mam, ar bnawn hel mefus, ar ddiwedd dydd o haf yn slei bach yn ei stafell wely, pan doedd neb fod i weld. Mond fo. Carmin, yr oriau bach cudd pan oeddwn i dan y cwrlid, i fod weldi. Fermiliwn, y fam, y fadonna …

NIMROD: Coch.

NIMROD *NAWR YN RHOI DARN O BIMENTO MELYN I* ***GWYLAN****.*

GWYLAN: Aur y fodrwy ar 'i bys hi. Y clefyd yn nwfn 'i lyged o. Lliw hen femrwn, yn gronicl o golli gafel, ar bob dim, hyd 'noed 'i grebwyll. Druan bach. Lliw lladd gwair, lliw crawn. Pan o'dd y gwenwyn yn cronni yn 'i lyged o, yn suro'i anadl dew o, yn drwch rhwng y dannedd cam …

NIMROD: Melyn.

GWYLAN: Melyn. Gwair ar lawntie'r mans. Allan fanna. Crop. Cwrs dan y penlinie. Cynnes dan wadne'r traed.

NIMROD: (*PIMENTO GWYRDD*) Gwyrdd.

GWYLAN: Gwyrdd. Dan 'i winedd o, gwmpas blaena'i fysedd hardd o. Tan iddo fo roi heibio hidio. Colli gafel. Caniatáu i'r gwâr droi'n gawdel gwyllt.

MAE ***GWYLAN*** *YN CODI AR EI THRAED, AC YN TALSYTHU CYN DECHRAU SYMUD O GWMPAS Y GEGIN. MAE HI YN EI DILLAD ISA.*

GWYLAN: Yng nglas y dydd. Be ydi hi Nimrod? Bore? Hwyr?

NIMROD: Bore Miss.

GWYLAN: Pwy fase allan 'na felly? Ben bore fel hyn?

MAE HI GER Y DRWS ALLAN NAWR, YN CLUSTFEINIO.

GWYLAN: O fanna ma'r sŵn siffrwd weldi. Rhywbeth yn stwrian yn y gwrych. Un o'r diwrnode 'ma, mi fydda i'n medru gweld trwy'r pren, trwy'r garreg 'ma. Fydd y drws ddim yn ddrws bellach, y mur ddim yn fur, ddim i'r meddwl mawr sy tu fewn y pen 'ma. Dwi'n addo Nimrod. Fydd fy stafell i yn mestyn … i ben draw pen drawdod …

*MAE **NIMROD** YN RHOI MWY O'R LLYSIAU AR BLÂT, AC YN EU BLASU.*

GWYLAN: Ond 'na'i ddim agor y drws am y tro. Ddim yn hollol barod. Rhag ofn i'r tu allan symud fewn cyn i'r tu fewn fedru meddiannu'r tu allan. A cyn dim byd arall, ella dylwn i fwyta rhyw fymryn. Corff angen cynhalieth hefyd. Wedyn ella medra'i wynebu'r hyn sy yn y gwrych. Nimrod?

NIMROD: Miss?

GWYLAN: Drwy lygaid cau … mi fedra i weld … mymryn o goch yn y gwyrdd. Be sy allan 'na … Be ddeudet ti sy'n y'n bygwth ni?

*WRTH SIARAD NAWR MAE **NIMROD** YN RHOI MWY O FWYD IDDI – STRIBEDI O BIMENTOS A MORON AMRWD.*

NIMROD: Mwydyn.

GWYLAN: Pry yn y pren. Pryfyn genwair? Mwy.

YN RHOI MWY O FWYD IDDI.

NIMROD:	Ffein?
GWYLAN:	Na, na, na. Mwy na mwydyn.
NIMROD:	Sdim byd yn fwy na mwydyn. Mistir ar bawb o ni, yn y diwedd.
GWYLAN:	Ond pwy sy'n bygwth y pry? Pwy 'neith 'i fwyta fo, cyn iddo fo y'n bwyta ni?
NIMROD:	Deryn …
GWYLAN:	Ond ma'r deryn yn brae, i …
NIMROD:	I'r gath.
GWYLAN:	Rwan, 'da ni'n dwad yn nes ati. Da was.
NIMROD:	A phwy yw hon sy'n lladd Eu hadar yn nwfn y gwrych …
GWYLAN:	Ac ma'r gath o dras y lladdwyr mawr, y llarpwyr …
NIMROD:	Yn taflu i'r baw'r plyf blwydd I'w gwatwar ag amdo gwych.
GWYLAN:	Yn gyfnither i'r llewes, yn gefnder llawn i'r llew. Y llew fedr y'n llarpio ni … A'n gneud ni'n fyrbryd, a'r gweddillion yn bydredd, i besgi'r pryfed genwair.
NIMROD:	A ma'r cylch yn gyfan 'to. Natur.
GWYLAN:	Ond be wedyn fydd tranc y llew Nimrod, lle ma'r gorweddfan ola i frenin y goedwig gyfan?

NIMROD: Pantri mam. Ar y shilff uwchben y garreg las.

SAIB.

GWYLAN: Lle ffwc ma'r llew ym mhantri dy fam?

NIMROD: Ar ochor y tun aur a gwyrdd. Y tun Tate and Lyle. Y siryp sy'n mynd ar y porej, 'da'r lla'th melys melys. Miss.

GWYLAN: Sut felyster ydi melyster llaeth melys Nimrod?

NIMROD: Wel, fel lla'th mam, Miss.

MAE HI'N EI DYNNU AT EI BRON. MAE E'N DECHRAU SUGNO AR FLAGURYN Y FRON. MAE HI'N EI WASGU AT EI CHORFF.

GWYLAN: *(WRTHON NI)* Braf te. Gen i hawl i hyn. Nid dim ond am mai fi ydi'r feistres yn y berthynas yma, ond am fod 'na feistr arna inne. Meistr fedr 'neud fel ag y fynno fo, a chanlyn chwiw ei afresymeg ei hun.

CYMRYD JOCH ARALL O HYLIF O FFIOL FACH.

GWYLAN: *(WRTHON NI)* Meistr Mescalin. Yr hwrjwr halwsinojenic. Hanner gram o'r hylif hud … Sut gwyddon ni, a sut gŵyr Nimrod dinam a dinonsens, prun ai fi sy'n gofyn am gala, neu'r cyffur cyfriniol sy'n crefu coc? A pha wahanieth? Ma pawb yn hapus. Dyma dwi isho, dyna mae o isho, a dyna, decini, o nabod y natur ddynol fasweddus foiyristaidd yr ydach chithe isho hefyd. A chware teg, mi ydwi'n hoff y diawl o'r hogyn dwl. Nimrod? Nimrod y nghariad i? …

NIMROD: Miss?

GWYLAN: Wyt ti erioed wedi ffwcio angel Nimrod?

NIMROD: Dim angel, na. Sai'n credu.

GWYLAN: Ma ffwc efo angel yn ffwc ddi-amser weldi.

*WRTH SIARAD MAE HI'N TYNNU FFEDOG **NIMROD** AC YN DATOD EI DROWSUS. MAE'R DDAU'N DECHRAU CARU.*

GWYLAN: Mi wnes i unwaith. Allan yn y gwres, draw 'mhell dros orwel amser. Mewn gwlad arall. Oedd yn felyn ac yn oren efo gwres. Ac yn suo efo tes. Mewn stafell dywyll, glòs. Efo corff oedd yn llaith efo chwys. Finne, wrth i ni garu, yn llyfu mwclis llaith oddi ar 'i dalcen o a'i wyneb o. Wrth i ni garu. A dyna ti be oedd melyster. Y sawr, y gwres a'r chwys yn gneud 'i gnawd caled o'n llithrig dan y nwylo i. Rhwydo'r haul, a sugno'r belen dân drwy ffrâm ffenest fach i stafell foel. Draw yn fanno y gadawes i amser ar ôl. Yr unig beth o'n i'n wisgo oedd oriawr. Llafn o ole o'r ffenest fach yn dawnsio ar y wyneb gwydr. Un munud i bedwar. Caru am orie, am orie … caru nes blino a bron cysgu … deffro eto ac ail gychwyn caru eto, am orie, am orie. Edrych ar yr oriawr, a gweld …y bys wedi symud un funud, at farc pedwar o'r gloch. Ond yn y mhen i, orie wedi pasio, a'r angel penddu wedi bod yno oddi tanai am byth. Yn ddiflino, yn ddisiarad … yn ddiamser …

NIMROD: Digon Miss. Digon nawr. Ma'n bryd chi daclu.

GWYLAN: Ti'n iawn y nghariad i. Ma'n dyfodol ni'n dau yn disgwyl. Allan fanna. Yn ddiamynedd. Ty'd Nimrod. Helpa fi. Da was.

MAE HI'N CODI. O BLITH Y BLANCEDI MAE'N YMESTYN AM EI

DILLAD – SGERT, BLOWS A SIACED SMART ... PÂR O SGIDIAU, SBECTOL EFALLAI ...

MAE HI'N GWREGYSU'R SGERT AMDANI EI HUN.

*CWYD **NIMROD**, TACLUSO'I DDILLAD YNTAU, A SYMUD AT ARWYDD PAENTIEDIG MAWR SY'N GORWEDD A'I WYNEB AT Y WAL GEFN. MAE **NIMROD** YN DECHRAU YCHWANEGU SMOTYN O BAENT AT YR ARWYDD. WRTH WEITHIO MAE **NIMROD** YN TROI'R ARWYDD FEL EIN BOD NI YN GWELD YR ARYSGRIF. LLYTHRENNAU MAWRION YN SILLAFU "Y DAFOL".*

*WRTH ORFFEN GWISGO MAE **GWYLAN** YN FFEINDIO EI HORIAWR AC YN EI RHOI AM EI GARDDWRN.*

GWYLAN: Un funud i ... yr unfed awr ar ddeg. A bore meddet ti?

NIMROD: Bore Miss.

GWYLAN: Fydd o yma unrhyw funud, os nad eisoes. Ffycin hel.

MAE HI'N PRYSURO I DACLUSO'I GWALLT, A CHAEL OLION CWSG O'I LLYGAID. WRTH DWTIO MAE HI'N DEFNYDDIO GWAELOD SGLEINIOG PADELL GOGINIO FEL DRYCH LLAW MAWR.

GWYLAN: Nimrod, sut ydwi'n - ?

NIMROD: Neis. Neis iawn Miss.

GWYLAN: Siŵr fod o allan fanna yn disgwyl. Yn ddiamynedd reit. Ffycin hel. Fasat ti'n y nhrystio i efo tri chan mil o bunnoedd Nimrod?

NIMROD: Bendant, Miss.

GWYLAN: Ffycin hel.

MAE'N CYMRYD LLWNC BACH O HYLIF O'R FFIOL, ANADLU'N DDWFN A CHERDDED, FYMRYN YN SIMSAN, ALLAN O'R GEGIN.

MAE **NIMROD** *YN GORFFEN SMOTIAN PAENT AR LUN TAFOL UWCHBEN Y DDEUAIR "Y DAFOL" AR YR ARWYDD. WEDYN MAE'N LLUSGO'R ARWYDD MAWR ALLAN DRWY'R DRYSAU CEFN ...*

SŴN TARANAU, A FFLACHIADAU MELLT, WRTH I'R LLWYFAN DYWYLLU A GOLEUO AM YN AIL ...

ETO, SŴN LLAIS DRWY ACWSTIG ANEGLUR ...

LLAIS: Coloneiddio.
Enghraifft Dau.
Mangre:
Nyth llygod y Pla
Yng ngharthffosydd drewllyd
Y Dwyrain eirias ...
Y llygod fyddai'n cario gwenwyn
Genynnau dallineb
Dan sylfeini'r byd gwâr.

Strydoedd a sgwariau nawr yn ddiannedd
Gwteri a hewlydd
Llwybrau marsiandïwyr a milwyr llog
Y pedlerwyr pres, y pedlerwyr pŵer
Nawr yn hidlo haint drwy gyfandir
Cyfandir sy, wrth gynaeafu cyfoeth, yn costreli crawn
Ac yn plicio'r petalau o groen y miliynau cyrff.

WEDYN, HANNER GOLAU A CHYSGODION.

YN BETRUS, LLECHWRAIDD BRON, DAW DAU FFIGUR I MEWN I'R GEGIN. MAE UN MEWN CAP BLAIR-WITCH WEDI EI DYNNU LAWR

YN DYNN DROS EI PHEN ... Y LLALL MEWN CAP PÊL FAS TU NÔL MLAEN. FEL DAU GYMERIAD PLENTYNNAIDD ALLAN O "SOUTH PARK" ...

MAE'R DDWY YN SOCIAN WLYB.

AR EU CEFNAU, BAGIAU CARIO FFASIYNOL. WRTH IDDYNT SETLO YN Y GOFOD NEWYDD, GWELWN FOD Y DDWY'N CARIO POB MATH O GERIACH TRYDANOL – YN SYCHWYR GWALLT, LAPTOPS, FFONAU PEN, WALKMANS, TAPIAU CASÉT ...

MAE ***PAM*** *YN BRYSUR YN CHWILIO A FFERETA NES DOD O HYD I GEBL MAWR A SOCEDI ESTYNIAD ... MAE HI'N RHOI PŴER I GYFRIFIADUR, WEDYN UN ARALL, WEDYN YN FFEINDIO SOCED I'W LAPTOP EI HUN ...* ***SOPHIE*** *HITHAU YN PLYGIO CHWARAEYDD CASÉT I MEWN ...*

YN SYDYN MAE CERDDORIAETH "AQUA" – CARTOON HEROES – YN BWHWMAN DRWY'R YSTAFELL, AC MAE'R LLE YN DECHRAU TASGU GYDA TRYDAN, SŴN, A BYWYD ...

WRTH SIARAD, AC YMGYFARWYDDO Â GERIACH Y GEGIN, MAE'R DDWY YN DIOSG EU DILLAD GWLYB.

MAE ***SOPHIE*** *YN FFEINDIO BOCS AC YNDDO DDILLAD GWEINI – SGERT A BLOWS A SGIDIAU (O'R MAINT ANGHYWIR). MAE HI'N TRIO UN EITEM AMDANI EI HUN, WEDYN UN ARALL, WEDYN Y SGIDIAU.*

WRTH I ***SOPHIE*** *WISGO MAE* ***PAM*** *YN DAL I GEISIO SYCHU EI GWALLT TRA'N DADGORDEDDI CEBLS TRYDAN A CHWILIO AM FWY O SOCEDI TRYDAN.*

SOPHIE *YN GORFFEN GWISGO AMDANI, AC YN DIFFODD CÂN "AQUA".*

PAM: Ffycin socian. Drenched.

*MAE **SOPHIE** YN TWRIO YN Y BOCS A DOD O HYD I IWNIFFORM GWEINYDDES ARALL.*

SOPHIE: Un sbâr. 'Ma ti.

PAM: A lle ydan ni. Back of fuckin beyond. 'Na lle.

SOPHIE: Bell off y brif hewl.

PAM: Fath a … wsti, bell ffwr o'r super fuckin highway.

SOPHIE: A'r lle 'ma. Dead meatspace man.

PAM: Dead. Dwi'n meddwl medran ni blygio mewn though. Cael yn connected.

SOPHIE: Der fi helpu.

*MAE **SOPHIE** YN CYMRYD DROSODD, AC YN DECHRAU CYSYLLTU CEBLS, PLYGIAU AC ESTYNIADAU YN UN WE GYMHLETH. **PAM** YN GORFFEN SYCHU EI HUN GYDA THYWEL.*

PAM: Ffeindio cybersbace. Yn sydyn. For fuck's sake.

SOPHIE: O.K. Connecting …

*MAE **PAM** YN OEDI I EDRYCH AR EI HUN YN SEFYLL YN EI DILLAD ISA AC YN TARO OSGO SALIWTIO.*

PAM: Is this Pamela Anderson Lee's version of a Boy Scout uniform? Who cares – as long as she's wearing almost nothing …

SOPHIE: Function completed …

PAM: Pam took the Scouts' "Be Prepared" motto to heart while lensing an episode of her action show "V.I.P."

***PAM** YN CARIO MLAEN GYDA'I GWISGO WRTH SIARAD.*

PAM: Looking all girly and swoony at LA's trendy Sky Bar, Pamela Anderson Lee was in hunk heaven with male supermodel Marcus Schenkenberg, treating him like her new squeeze-du-jour – so it looks like a gnarly W-I-I-P-E-O-O-U-T for her surfer dude, Kelly Slater!

SOPHIE: Unfortunately there's a nasty fly in Pam's ointment, and its name is …

PAM: Surprise! Tommy Lee! The "V.I.P" star is furious at suddenly being dragged back into her ex's sad sack life. A judge has ordered Pam to court to testify in the tattooed geek's latest probation violation for alleged boozing!

SOPHIE: Ow! Sad!

*MAE **PAM** WEDI GORFFEN GWISGO'R SGERT A'R BLOWS, AC YN DECHRAU CHWILIO TRWY'R BAGIAU BWYD AM RYWBETH I'W FWYTA.*

PAM: Ti rwan.

SOPHIE: British supermodel Sophie Dahl was spotted by a talent scout crying on a London kerb.

PAM: She had been arguing with her Mom.

SOPHIE: "My Mom and I were fighting about what I was going to do with my life. I told her I AM going to do something – I just didn't know what."

PAM: After consoling Sophie, the talent scout suggested she consider modelling.

SOPHIE: Sophie thought about modelling earlier in her life but dismissed the idea because she was told she would have to reduce her frame – then a size 8.

PAM: 19 year old Sophie is now a size 14! AND a supermodel!

SOPHIE: The first fashion show I did I was absolutely terrified! I had this little see-through dress on, and a G string and that's it! I thought, in a minute the whole English press is going to see me with this on. I pretended I was utterly confident but I was really terrified. Everyone said "who's this girl who's not as skinny as the others?" It caused quite a stir!

PAM: And how d'you feel about this big focus on body image Sophie?

SOPHIE: I think it's awful. I hate it! All this fuss in the press. All they talk about is my body. They take pictures of me and say "Ooo, she's put on a few pounds." I think it's ridiculous … Be ti 'di ffindio?

PAM: Bwyd cwningen. Sothach. Jync. Sbia.

***PAM** YN DANGOS LLOND LLAW O LYSIAU, TORTH A GRAWN.*

SOPHIE: Ffycin hedge clippings.

*O'R BAGIAU CEFN MAE **PAM** YN NÔL CARTONS O FWYD PAROD A PHETHAU MELYS.*

SOPHIE: O, plis. Dere a peth o'r frankenfood i fi.

PAM: Mond y laptop sy'n gweithio?

SOPHIE: A'r llall 'ma. Ishe cysylltu'r monitor, 'na gyd.

PAM: Nôl i realiti. ’Da ni heb dwtshad base ers bore ddoe.

SOPHIE: Wy’n dechre ca’l withdrawal symtoms. Please wait, trying to connect us … I fi weld ble ma’r leads ’ma yn … lido …

WRTH OLRHAIN Y GWIFRAU MAE HI’N CYRCYDU A DIFLANNU O’R GOLWG TU ÔL I FWRDD NEU RAI O’R BOCSYS.

*DAW **NIMROD** YN ÔL I MEWN.*

MAE YNTAU YN SOCIAN.

*MAE’N EISTEDD LAWR AC ARLLWYS CORNFLAKES I FOWLEN, YNA LLAETH. WRTH IDDO SETLO MAE E’N EDRYCH AR **PAM**. HITHAU’N HANNER GWENU YN ANSICR OHONI EI HUN. **NIMROD** YN CYMRYD LLWYAID ARALL O GORNFLAKES CYN EDRYCH ARNI ETO.*

NIMROD: ’Ma i witho?

PAM: Ia, ’na fo.

NIMROD: Waitress. Hysbysebon ni am ddwy.

PAM: ’Da ni yn ddwy.

SOPHIE: Haia …

NIMROD: Enwe ’da chi?

PAM: Ym … Oes.

SOPHIE: Sophie.

PAM: A fi ’di Pam. Pamela.

NIMROD: Nimrod. Licech chi gornfflêcs?

PAM: Na.

SOPHIE: Cornflakes … 160 kcal per 37.5 g serving …

NIMROD: Ne ma 'da fi Weetabix …

SOPHIE: 128 kcal per 37.5 g serving … Na.

NIMROD: Y lla'th melysa yn y byd i gyd …

PAM: Be?

NIMROD: Y lla'th melysa yn y byd …

SOPHIE: (*WRTH* ***PAM***) Ydw i'n rong – ne odi hwn yn byw mewn nerd-space?

PAM: Ia. Mae o like, sort of, y'know? … uh - huh? Tydi?

NIMROD: Ie, y lla'th melysa yn y byd i gyd yw y lla'th …

PAM: Ond, ella bod ganddo fo iws.

SOPHIE: One trick pony. Ond walle bod y tric yn werth i weld.

NIMROD: Yw'r lla'th ar waelod bowlen gornfflêcs.

SOPHIE: O's rhywun 'na? Like … Helo?

NIMROD: Helo.

SOPHIE: Wy'n trio auralizo fan hyn. Excuse me? Helo?

NIMROD: Ie, helo, 'to.

PAM: Mae o fath a … doh!

NIMROD: Sa'i 'da chi nawr.

SOPHIE: Like … Doh …

NIMROD: Doh flodau coch yn frech …

PAM: Doh …

NIMROD: Doh flodau melyn yn grawn …

SOPHIE: Doh …

NIMROD: Nid oes tu hwnt
Cerddodd doh dwymyn i'm gwaed? …

ENNYD. MAEN NHW'N EDRYCH AR EI GILYDD, AR YR UN DONFEDD.

PAM: Ma'i di bod yn amser hir Sophe. Tydi.

SOPHIE: Rhy hir Pam. Ti'n gwbod be?

PAM: Be?

SOPHIE: Fi'n really adrenalized. Jest meddwl am …

PAM: Ti'n desperet.

SOPHIE: Na. Wy jest yn … desperet.

MAE HI'N SYMUD TUAG AT ***NIMROD****.*

PAM: Ma'r storm wedi stopio.

NIMROD: Wedi chwythu'i phlwc. Fydd y byd ma's 'na yn sheino nawr, fel llo bach newydd 'i eni.

PAM: Yuck!

NIMROD: Chi rio'd wedi helpu geni llo? Profiad … cynnes. A llaith.

PAM: Oh – pli-i-i-s! Get a life …

SOPHIE: Cer i weld Pam. Ffeindio lle ydan ni.

PAM: Ia, ond … ma hi'n <u>'lyb</u>. Dwi jest 'di sychu 'ngwallt.

SOPHIE: Cer i weld. Mae'n cliro. Medde hwn.

PAM: I ffeindio'r ffordd fawr agosa?

SOPHIE: Superhighway. Sycha i'n dillad ni fan hyn. Plis. I'll owe you one baby.

PAM: Nôl mhen munud. Paid â cym'yd trw'r dydd. Baby.

MAE HI'N MYND.

SOPHIE: (*WRTH **NIMROD***) All – right … Lle … od.

NIMROD: Cegin. Lle da, am la'th, am siryp. Pethe melys. A pethe ffresh. O'r perllenni, o'r perthi …

SOPHIE: Wow. Cool.

NIMROD: Ni cherddaf. Nid oes tu hwnt.
Cerddodd dy dwymyn i'm gwaed …

SOPHIE: Twymyn … Wy'n teimlo'n ofnadw o dwym. Tithe?

NIMROD: Goglish 'da gwres … pan chi'n dod yn agos, agos felna, Miss.

SOPHIE: Neis?

NIMROD: Neis. I'w ryfeddu … Wy moy'n gwbod … moyn nabod … Odych chi … yn? …

SOPHIE: Nimrod – ti'n teimlo bo ni yn … like connected? Ti a fi?

NIMROD: O, bendant. Miss.

SOPHIE: Teimlo bo ti … wedi ffindio dy virtual babe? Dy Trina, dy Lara Croft? …

NIMROD: Bendifadde.

SOPHIE: A gei di fod yn Avatar i fi. Are we for real Nimrod? Or are we for real?

NIMROD: Wy'n teimlo chi … fel teimlo'r gwres yn codi trw'r pridd.

SOPHIE: Do they fuck in Cyberspace baby? Do they fuck in Cyberspace?

NIMROD: Odyn g'lei.

SOPHIE: Ti ishe … virtual blow job Nimrod?

NIMROD: We, sai'n moyn bod yn rhy having, yntefe, ond …

SOPHIE: Hold on tight baby.

NIMROD: Mi welais y genau brwnt
Yn agor a dweud, Ho Frawd …

SOPHIE: Fel hyn? Oh yeah baby …

NIMROD: Yn sugno'r wich trwy'r war …

MAEN NHW'N DECHRAU CARU YN WYLLT.

SOPHIE: Odw i'n sbesial … Go on, tell me baby … Big boy, ride the dream. Ride all the way into my dreams. All the way.

NIMROD: Ein mam, sy'n ein gwthio'n ein cefn,
Yn mingamu arnom trwy'r ffenestr,
Yn gweiddi, Ho dras, i'r drefn,
A chrechwenu uwchben y dinistr …

SOPHIE: Yeah. I can take it. Take it all baby. Nasty. Yeah, nasty. Gimme the pain baby. Gimme the fuckin pain!

NIMROD: Yn gweiddi, Ho dras, i'r drefn,
A chrechwenu uwchben y dinistr …

MIWSIG. "AQUA" ETO – O'R PEIRIANT CASETIAU.

Y GÂN YN GORFFEN, A CHERDDORIAETH ENYA ETO.

LLAIS: Coloneiddio. Enghraifft Tri.
Mangre:
Siambrau cyhoeddi cyntefig yn Strasbourg,
Tomenni blociau pren naddedig Johann Gutenburg
Llawforynion darllen a dysg.
Blociau geiriau. Iaith ar daith.
Byddinoedd credoau, heresïau, ffantasïau
Fyddai'n dewino'r byd, yn coloneiddio nid â'r cledd
Ond â phŵer dadl neu â pherlewyg dychymyg.
Iaith. Y crwsâd cyfiawn eithaf. A'r olaf.

SOPHIE A NIMROD YN GORFFEN CARU.

SOPHIE: Wow! Wel … Gotta rush …

NIMROD: I ble?

SOPHIE: Fel ma nhw'n gweud. Gotta …

NIMROD: Beth nesa 'te?

SOPHIE: Ym … Sigaret?

NIMROD: Pam?

SOPHIE: Ie, sigaret …

NIMROD: Dim thenciw. Byth wedi. Hen arfer brwnt. Miss.

SOPHIE: Stopen i fory. Heddi. Nawr. Ond ma metabolism person yn slowo nine per cent ar average. Hence, body fat gain … Of approximately … Body fat gain, of …

*MAE HI YN SYLLU WRTH I'R DRWS MEWNOL GAEL EI DDATGLOI, AC MAE **GWYLAN** YN CERDDED I MEWN I'R GEGIN.*

GWYLAN: Y ffocws wedi symud. Weldi 'nhraed i Nimrod …

NIMROD: Shwd o'dd e Miss?

GWYLAN: Pan dwi'n cerdded weldi, - ma'r bysedd traed yn hir-hau, mestyn, o mlaen i. Ar ras … Sbia …

SOPHIE: My God …

GWYLAN: A'r gwadne fel gwawn, am gofleidio'r ddaear. Isho teimlo'r gwres yn y gronynne pridd …

SOPHIE: Pwy ffwc yw hon?

GWYLAN: Pwy ffwc ydw i? Deuda wrthi Nimrod.

NIMROD: Meistres y lle 'ma. Nôl gatre ar ôl teithio'r byd. Ma hi wedi gweld y cwbl. A mwy.

SOPHIE: A colli marbls i gyd ar y ffordd?

NIMROD: Withe ma hi'n gweld pethe … bach yn wahanol i chi a fi.

GWYLAN: (*WRTHYM NI*) Ma'i allu o i esbonio yn peidio lle ma'n rhychwant profiad i mond megis cychwyn.

NIMROD: Wy'n ca'l ambell funud fowr … pan wy'n cyrradd y lla'th ar wilod y cornfflêcs. Ma Miss Gwylan yn ca'l munude felny trw'r amser chi'n gweld.

SOPHIE: My God …

GWYLAN: 'Di Nimrod bach rioed wedi cymryd cyffur. Ddim wedi dod ar draws y gair trosgynnol. Heb sôn am y profiad.

NIMROD: Ma Miss Gwylan wedi cerdded ar fwy na pridd a concrit. Ma tywod a twndra a lafa tawdd wedi goglish gwadne y tra'd aflonydd 'na.

GWYLAN: Ffiltyr corfforol ydi'r synhwyre, y llyged, y ffroene, y clustie … I osod ffinie cyfleus i gadw perspectif cyfarwydd ar y'n ymwneud ni â'r byd oddi allan. Gneud ymdopi â bywyd bob dydd yn haws, yn fwy ymarferol … Llaciwch y ffiltyr, ac ma modd altro amser a phellter, ma posib dehongli sylwedd a swmp y byd tu allan mewn ffyrdd gwahanol.

NIMROD: Shwd alla'i 'weud tho chi nawr, ma Miss Gwylan yn ddwfwn. Odi. Bach o athrylith yn perthyn iddi chweld.

GWYLAN: Ma 'na greaduriaid sy'n gweld llawer pellach na ni. Rhai erill yn ganwaith mwy hydeiml eu harogli. Ni sy'n dewis lle ydan ni'n gosod y gorwel. Er cyfleustra. 'Does 'na ddim pellter, 'does 'na ddim perspectif. 'Mond fanma. Yn y ffiltyr. Er cyfleustra. Dewis be all y glust ne'r ffroen ddirnad. Er cyfleustra. Hyd 'noed be 'di hyd munud, be 'di siâp y gymanfa wynebau 'ma o mlaen i rwan. A sut ma chymuno â'r meddylia amryfal tu ôl iddyn nhw … efo'r pwdel profiade yn y llestri 'na tu ôl i'r masgie llwyd. Pan sipia ne smyga i gyffur, nid y fi sy'n newid – ond y chi. Y byd i gyd. Ac ma hynny'n anghyfleus, yn beryglus …

NIMROD: Alle hi 'weud pethe mowr, se chi mond yn gryndo.

SOPHIE: Wy ddim yn credu. Invalid password. Sori.

GWYLAN: Nid ymhél â chyffurie am y'n bod ni wedi colli'n ffordd ma pobl fel fi, ond am y'n bod ni'n chwilio ffordd amgenach. Nid troi cefn ar realaeth, ond gafael yng ngwar realaeth, ei droi i'n wynebu, a syllu lygad yn llygad, a herio "Dangos yr oll sy 'na i weld y bastard", ac ymbil, "Rho arwydd i ni y ffycar cyndyn fod 'na fwy na jest hyn!" A dyna i chi ffrindie, pwy ffwc ydw i.

MAE HI'N GAFAEL YN ***NIMROD****.*

GWYLAN: Fi ydi feistres o. Dyna pwy ydw i. A meistres y darn bach yma o'n byd ni.

SOPHIE: Cool … Chi yn … Like … Webmaster?

GWYLAN: A pwy ffwc ydi hi?

NIMROD: Ma hi'n gwitho 'ma. Ma dwy ohonyn nhw.

GWYLAN: O, deuda di.

NIMROD: Siwd o'dd <u>e</u> Miss? Appleman?

GWYLAN: Appleman. Y fo …

NIMROD: Weloch chi fe?

GWYLAN: Gafodd o'i ddal yn y storm. Dwi'n meddwl fod o braidd yn flin. Fawr ddim i ddeud. Argoeli'n wael. Nath o i mi deimlo'n reit sâl Nimrod. Reit ansicr ynglŷn â'r dyfodol.

NIMROD: Ond beth <u>wedodd</u> e?

GWYLAN: Popeth. A dim. Chwythu bygythion. 'Da ni mewn dyled. Dybryd. Peryglu'n dyfodol ni. Ti, fi a'r Dafol Nimrod bach.

NIMROD: Weloch chi fe, y dyn 'i hunan …

GWYLAN: Appleman? Y dyn 'i hun? Na, ddim Appleman, dwi ddim yn credu …

SOPHIE: Appleman …

GWYLAN: Y siwt arferol. Un wen fel cot carlwm. Ie, yr un siwt. Ond rhywun gwahanol tu fewn iddi y tro yma.

SOPHIE: Appleman. <u>Yr</u> Appleman mowr …

GWYLAN: Un o'i ddynion o beth bynnag. Be wyddost ti amdano fo? Pwy yrrodd chdi yma?

SOPHIE: Fe sy bia'r net. Y program. Y password. Popeth.

GWYLAN: Be?

SOPHIE: Fe sy bia'r seit gyfan.

GWYLAN: Ie … Y seit …

SOPHIE: Fe sy bia ni. Wel y'n amser ni, y'n enwe ni …

*DAW **PAM** YN ÔL I MEWN.*

GWYLAN: Ia. Y meistr.

SOPHIE: Y netmaster.

GWYLAN: A fo sy dy berchen di? Fo sy wedi gyrru ti?

NIMROD: A hon yw'r llall Miss. Ma'r ddwy ohonyn nhw wedi ca'l 'u hala i witho ma. I roi help i ni Miss.

GWYLAN: Fo yrrodd y ddwy ohonoch chi?

PAM: Y? Be rwan?

SOPHIE: Appleman.

PAM: Na.

SOPHIE: Mewn ffordd, ie … Pam?

NIMROD: Achos bod Miss Gwylan ishe …

SOPHIE: Ddim Pam. Ond … Pam …

PAM: Be rwan. Sgen i ddim idea be …

GWYLAN: Fo yrrodd chi ne beidio? Goeliech chi fyth pa mor dyngedfennol fedr hyn fod i'r Dafol …

PAM: Appleman? O Applenet? Ni!

***PAM** YN CHWERTHIN. **SOPHIE** YN SATHRU AR EI THROED. UNWAITH, DDWYWAITH.*

PAM: Ow!

SOPHIE: (*WRTH **GWYLAN***) Chi'n iawn Miss. We are who you think we are.

GWYLAN: Be – felly, 'da chi yn gweithio i Appleman?

SOPHIE: Ni'n trio cadw'n dawel am beth a pwy y'n ni. Ond, enw y dyn mowr yw, ie – Appleman.

PAM: Ah ie … Appleman. Y bos.

GWYLAN: A be nethoch chi? Cyrraedd efo fo? Bore 'ma?

PAM: Newydd gyrra'dd. Ia.

GWYLAN: Ers faint 'dach chi efo fo, Appleman?

PAM: Ers y cychwyn. Fo sy berchen y seit.

GWYLAN: Rwan da chi yma i helpu. I weithio …

PAM: Ella'n bod ni.

SOPHIE: Walle ddim.

PAM: Dibynnu tydi …

SOPHIE: Dependo …

PAM: Telera.

SOPHIE: Tâl.

GWYLAN: Wrth gwrs. Be fasa'n gynnig teg deudwch … Gadewch i mi checio cwpl o ffigure …

*AR YR UN PRYD MAE **SOPHIE** A **PAM** YN RHOI CALCULATOR LLAW YR UN IDDI.*

GWYLAN: (*WRTHYM NI*) A dydw inne ddim mor dwp a ma'r ddwy fach benchwiban yma yn dybio. Trai yn dilyn llanw, a ma dylanwad pob cyffur yn cilio. Ar y funud ma mhen i'n glir fel crisial. Ydy'r ddwy yma yn gweithio i Appleman, ac yma i helpu? Os ydyn nhw, haleliwia. Ma cledd Damocles yn hongian wrth eda reit wydn. Ydyn nhw'n gweithio i Appleman, ond yma i danseilio, i ysbïo? Os felly fe fydda i'n effro i bob ystryw ac yn medru gwylio pob symudiad o'u heiddo nhw. Os mai rhaffu celwydda ma nhw, heb ddim oll i 'neud ag ymerodraeth fusnes Appleman, ma nhw'n fodlon deud a gneud unrhywbeth i ennill pres ac ennill ffafr ac mi fanteisia i ar hynny a chadw'u trwyne smwt nhw ar y maen … A beth bynnag – sgen i ffyc ol i'w golli erbyn hyn … Reit ta. Telera.

SOPHIE: A rhywle i grasho.

PAM: Yn ogystal â'r pae.

GWYLAN: Be am … chwephunt yr awr? Wythpunt?

*DISTAWRWYDD WRTH I **SOPHIE** A **PAM** GIL-EDRYCH AR EI GILYDD.*

GWYLAN: Na, na. Be sy arna'i … Degpunt yr awr i gychwyn …

PAM: Deal.

SOPHIE: Done.

GWYLAN: Da iawn. Partneriaid felly. Nimrod, ma na obaith i ni eto. I gadw'r blaidd rhag y drws. I gadw Appleman yn ddiddig. I gadw'n hochr ni o'r fargen fawr … Beth bynnag ydi'r fargen bellach …

NIMROD: Dyw'r amode ddim wedi newid eto odyn nhw?

GWYLAN: Nacdyn. Ddim hyd y cofia i. Rwan. Gneud elw. Be gynta Ladies? 'Da ni'n agor dryse'r lle ma Llun nesa. Yn dadorchuddio'r Dafol ar 'i newydd wedd.

PAM: Y be?

GWYLAN: Y Dafol. Dyna oedd enw'r hen fans. Pan oedd o'n fans. A dyna fydd enw'r fenter busnes newydd.

NIMROD: Synnu bo chi ddim wedi sylwi. Ar y sein. Yr anferth o arwydd 'na tu fas. Un newydd sbon. 'Nhad ddysgodd fi lythrennu, y sgwigls a'r seriffs i gyd.

PAM: Ia, ond … Nid y Dafol ydi o.

GWYLAN: Be?

PAM: Ar y sein. Tu allan.

GWYLAN: Os nad y Dafol? …

PAM: Sbïwch chi.

NIMROD: Newydd roi e lan. Bore 'ma. Sai'n deall.

PAM: Ac mi es i allan ar sgowt. Rwan …

NIMROD: A'r sein?

PAM: Nid y Dafol mae o'n ddeud. Well i chi fod yn siŵr o'ch enw yntydi. Cyn dim byd arall.

GWYLAN: Wrth gwrs, wrth gwrs … Well i minne fynd i gael golwg felly … Unrhywbeth ma nhw isho Nimrod, dyro dithe … Reit …

*MAE **GWYLAN** YN MYND AM Y DRWS CEFN.*

GWYLAN: Cychwyn cywir. Diffinio delwedd yr hen le. Hoelio hunaniaeth. Y Dafol … Y Dafol …

MAE HI'N CAMU ALLAN DRWY'R CEFN.

*MAE **NIMROD** YN CARIO MLAEN GYDA'I BARATOADAU CEGIN. **SOPHIE** A **PAM** YN SIARAD YN DAWEL.*

PAM: Digon o bres i'n setio ni fyny am sbelan Sophe.

SOPHIE: Shwt ni fod i helpu Miss Bossy?

PAM: Ffeindiwn ni ffordd.

SOPHIE: Beth am syrffo. Dechre meddwl.

PAM: Tapio fewn i'n meddylie ni. Dyna ma hi isho.

SOPHIE: Syniade.

PAM: I ba bwrpas, ffyc nows, ond …

SOPHIE: Let's surf some cool sites.

PAM: Ffeindiwn ni ryw sothach neith syffeisio.

SOPHIE: Wwww!

PAM: Ti 'di cael rhywbeth iwsful? Yn barod?

SOPHIE: Ddim exactly … Ond ma update, ar site Ananova.

PAM: Ananova!

SOPHIE: Am Britney …

PAM: Britney!

SOPHIE: Britney Spears has been named as the most searched for person, place or thing on the world wide web search engines this last year. She is now officially "Trend of the Year" displacing last year's winner Pokemon.

PAM: Poor Pokemon. Hanes rwan. Ym, Sophie? …

MAE EI SYLW HI'N DECHRAU CRWYDRO AT ***NIMROD*** *NAWR.*

SOPHIE: For just seventeen dollars and ninety five cents you too can order the eighteen year old Britney's autobiography "Heart to Heart". Share the insights of a young superstar like when she asks her mom if there are cows in New York, and they argue over whether she should have her belly button pierced … This is a book guaranteed to touch the red beating thing inside every reader. Find under "Paper goods and other Collectibles".

PAM: Sophe … nest ti? …

SOPHIE: Even Madonna says she wishes she'd been like

Britney when she was eighteen. "I was so gawky and geeky and awkward and unsure of myself. I didn't even have a tan!"

PAM: Sophe … gest ti? …

SOPHIE: The forty two year old star adds that she's not worried about competition from younger stars. "They'll get old and wrinkled and die too!"

PAM: Sophie! Gest ti … sgôr?

SOPHIE: Y?

PAM: Shag.

SOPHIE: Yhy …

PAM: A sut beth ydi o, allan o'i chuddies?

SOPHIE: Lot gwell hebddyn nhw.

PAM: Bryd i minne ffeindio allan felly.

SOPHIE: Be warned. Gwisga dy shades … Chuddies melyn.

PAM: So? Melyn ydi … the new black Sophe. A'r toolbox?

SOPHIE: Mega.

PAM: A sgôr? Out of ten?

SOPHIE: Nine point … six five.

ODDI ALLAN, LLAIS ***GWYLAN*** *YN GALW:*

GWYLAN: (*ALLAN*) Y sein … Ga'i help llaw am eiliad …

PAM: Mega … Wow …

GWYLAN: (*ALLAN*) Creisis …

PAM: Nine point six five?

GWYLAN: (*ALLAN*) 'Y mai i ydi o. Ga'i help?

PAM: Dos di.

SOPHIE: Ond wy ar ganol …

PAM: Sophe – y nhyrn i. Rwan ffyc off!

*YN GYNDYN MAE **SOPHIE**'N MYND ALLAN DRWY'R CEFN. **PAM** YN GORFFEN SETIO'R CYFRIFIADUR I FYNY. DAW **NIMROD** I EDRYCH DROS EI HYSGWYDD.*

PAM: 'Ma fo …

NIMROD: Diall dim ar y pethe 'ma …

PAM: Dialling. Attempts out of 10 …

NIMROD: Diall dim. Byd arall.

PAM: Dialling …

NIMROD: Anghyfiaith.

PAM: Aros connection. Yn y bocs glas fanma …

NIMROD: Un llawr o iâ glas yw'r lle …

PAM: Connected to remote computer …

NIMROD: A throed ni chyrhaedda na chri …

PAM: Verifying user name and password.

NIMROD: I'w pherffaith ddiffeithwch oer …

PAM: 'Ma ni. Sophie'n deud bod ti'n dipyn o …

NIMROD: Fardd?

PAM: Stalwyn … 'Nath hi ddim wastio dim amser naddo.

NIMROD: Ond suo'r dymestl gref …

PAM: Sgen ti'r stamina?

NIMROD: A'r un aderyn ni ŵyr
Dramwyo diffeithwch ei nef …

PAM: Click … Restore … Restore …

NIMROD: Na … plis …

PAM: Rwan … Maximize … Yes!

NIMROD: Lle mae'r nos yn goleuo'r niwl
A'r niwl yn tywyllu'r nos …

PAM: Ffycin hel! …

MAE HI'N EI DYNNU'N BENDRAMWNWGWL AR EI PHEN AR LAWR. WRTH IDDO SYRTHIO DAN EI CHRAFANGAU MAE E'N TRIO DAL GAFAEL YN Y BWRDD, MEWN BOCS GWAG … YN Y PEIRIANT TAPIAU … HWNNW'N DECHRAU BLOEDDIO CERDDORIAETH ETO: "CARTOON HEROES" … CARU NWYDWYLLT A ***NIMROD*** *YN GWINGO …*

***NIMROD** YN CEISIO DIANC O'I CHRAFANGAU – OND HI'N LLWYDDO I'W SODRO AR EI GEFN AR Y BWRDD PARATOI. YNTAU'N CAEL EI ORFODI I GARIO MLAEN GYDA'R CYPLU.*

*Y MIWSIG YN DOD I BEN, A'R UN PRYD CLYWN SYNAU **GWYLAN** A **SOPHIE** YN STRYFFAGLIO CARIO RHYWBETH I MEWN TRWY'R DRYSAU CEFN ...*

***NIMROD** A **PAM** YN DADGORDEDDU, YMSYTHU A CHODI AR EU TRAED AR FRYS, WRTH I **GWYLAN** A **SOPHIE** DDOD I MEWN WISG EU CEFNAU YN LLUSGO'R ARWYDD MAWR GYDA NHW. **NIMROD** A **PAM** YN CEISIO TACLUSO EU DILLAD I GUDDIO'R FFAITH EU BOD WEDI BOD WRTHI YN CARU.*

GWYLAN: Wedi rhedeg ... Creu staen mawr ...

PAM: Be? Lle?

SOPHIE: Ar y sein, ble arall ...

*MAE **SOPHIE** A **GWYLAN** YN TROI'R ARWYDD I WYNEBU **NIMROD** A **PAM**. GWELWN NAWR FOD Y PAENT O DDARLUN Y DAFOL, UWCHBEN Y LLYTHRENNAU BREISION, WEDI RHEDEG AR I LAWR MEWN STRIBED SYTH, GAN DROI "Y DAFOL" YN "Y DIAFOL".*

GWYLAN: Anfadwaith y storm fawr. Newid yr enw, newid yr ystyr ... A pan oedd o'n gadael y lle 'ma, ro'dd Appleman...

SOPHIE: Ne un o'r minions ...

GWYLAN: Y gŵr mawr, ne'r gwas bach ... Yn brysur yn tynnu llunie.

SOPHIE: Ffotographs. O'r lle ...

GWYLAN: O'r arwydd ... Cyhoeddusrwydd, hyrwyddo'r lle. Dan enw ffycin anghywir!

SOPHIE: A ma Miss Gwylan yn becso nawr …

*WRTH SIARAD MAE **SOPHIE** YN SYLLU AR SGRIN Y CYFRIFIADUR LAPTOP, WRTH CHWILIO DRWY DUDALENNAU'R WE …*

GWYLAN: Rhyw ame ydw i, heb ddallt dim ar y pethe 'ma …

SOPHIE: Fi sy wedi trio esbonio …

GWYLAN: Pa mor frawychus o sydyn …

SOPHIE: Speed ma pethe'n cyrradd y Superhighway fan hyn …

GWYLAN: Cyn bod yn y byd go iawn, ma nhw'n …

SOPHIE: Materialiso mewn Cyberspace …

PAM: Diolch i Appleman a'i deip. Ma Sophie yn spot on yn hynny o beth.

GWYLAN: Ond os felly, yn y siwrne o fanma i'r byd Cyber, ydi'r Dafol eisoes wedi troi fewn i'r Diafol? (*ENNYD*) Be ma'r llysie ma'n 'neud ar lawr Nimrod?

NIMROD: Sylwes i ddim. Sori.

GWYLAN: Be 'da chi'ch dau wedi bod yn 'neud? Jest rwan?

PAM: Dim.

NIMROD: Dim yw dim …

*WRTH I'R SGWRS YMA FYND YN EI BLAEN, AC WRTH I **SOPHIE** WEITHIO AR Y LAPTOP, MAE **NIMROD** WEDI SYLWI FOD CEFN SGERT **PAM** WEDI EI GWTHIO FEWN I'W DILLAD ISAF. RUN PRYD*

*MAE **PAM** WEDI GWELD FOD CRYS **NIMROD** YN YMWTHIO ALLAN O FLAEN EI FALOG. Y NAILL YN CEISIO CUDDIO EMBARAS Y LLALL O OLWG **GWYLAN**, GAN ARWAIN AT GYFRES O SYMUDIADAU TRWSTAN ...*

GWYLAN: Ti'n edrych fel tae ti wedi cael dy lusgo drw berth o ddrain Nimrod ... Ac mi wyt ti'n laddar o chwys ...

NIMROD: Wedi bod yn ... yn ...

PAM: Gweithio'n galed ... mor galed ...

NIMROD: Slafo ...

GWYLAN: A'r ogle rhyfedd, anghyfarwydd ... sur-felys ...

NIMROD: Od yntefe ...

GWYLAN: Fel melyster hen gwrw ar anadl sy'n rhy agos at y ffroen.

NIMROD: Gwynt whys ...

GWYLAN: Be sy'n ddiarth yn dy chwys di heddiw tybed?

NIMROD: Heddi ... wy'n whysu lla'th gold top gwilod y bowlen gornfflêcs ...

GWYLAN: Os cofi di Nimrod mae o yn dy delere gwaith di nad oes gen ti hawl i ddweud celwydd wrtha i. Ti 'rioed, hyd y gwn i, wedi torri'r rheol fach honno.

NIMROD: Byth Miss.

GWYLAN: Paid â meiddio ceisio nhwyllo i rwan 'ta. Ti am i'r gwir fynd ar goll rhyngot ti a fi? Fel mod inne hefyd yn rhydd i dy dwyllo di fel fynno i. Meddylia Nimrod. Ai felly wyt ti am i bethe fod o hyn mlaen?

NIMROD: Nage Miss.

GWYLAN: Gawn ni adfer geirwiredd felly. Yr hen berthynas wâr. (***NIMROD*** *YN NODIO*) Da was. Arogl be, ne bwy, sy'n dawch o dy gwmpas di? Dwed wrtha i Nimrod.

NIMROD: 'I arogl … hi Miss.

MAE E'N NODIO TUAG AT ***PAM****, SYDD MEWN PANIG ERBYN HYN.*

PAM: A, ie … wrth gwrs. Yr ogla hynny! Fi rodd yr ogla ar Nimrod …

GWYLAN: Sut yn union? …

NIMROD: O'n i ffaelu symud … a 'na ble o'dd hi, yn rhwto … a pwmpo …

PAM: Perfume … dan 'i geseilia fo … Drud hefyd. Ralph Lauren …

SOPHIE: Tri deg punt am hundred and fifty cc's …

PAM: Gan fod o'n chwysu gymint. O'dd yr ogla chwys yn codi cyfog arna i. Benderfynis i ffresho fo fyny. Do.

GWYLAN: Be o't ti wedi 'neud i chwysu gyn gymaint Nimrod?

NIMROD: Ges i 'ngorfodi i shaffto …

PAM: Shiftio … bocsys. Rhain fanma.

GWYLAN: Ond dydan nhw ddim wedi'u hagor. Ddim wedi'u cyffwrdd … Pwy orfododd ti i …

PAM: Cydwybod. Chware teg. Welodd o bo nhw heb 'u

hagor … mi a'th o ati i 'neud hynny … ond ma nhw mor fawr … ac mi ddechreuodd y pentwr syrthio … Fynte'n sgrialu o gwmpas i rhoi nhw nôl yn daclus dwt … nes fod o'n chwys diferol …

GWYLAN: Y gwir Nimrod …

NIMROD: O'n i yn whys diferol Miss. A o'n i moyn agor y bocsys … Ma nhw wedi bod 'na ers douddydd nawr, a …

GWYLAN: Wn i hynny …

NIMROD: A walle bod rwbeth pwysig y diawch miwn yndyn nhw …

GWYLAN: (*WRTHYM NI*) Y tlawd dwl, y Poer Nano, yn meiddio tybio mai fi, nid fo, sy'n ddwl? Tybed? A'r slebog sebon sent yma, y bint bersawrus, yn dysgu Nimrod bach sut i weu caseg fedi o gelwydda. Dysgu tricia estron … Fedra i ogla celwydd Nimrod, jest fel y medra i ogla … 'Na fo …

NIMROD: (*WRTH **PAM***) Ma 'da Miss drwyn at y pethe 'ma chweld.

GWYLAN: Offeiriad boldew canol oed yn cerdded drwy lannerch o goed castanwydd yng nghwmni un o blant ei braidd – merch fach ddeuddeg mlwydd oed, angylaidd o ddiniwed yr olwg. "A, yr arogl hyfryd, yr hen bersawr cyfarwydd …" medd yr offeiriad, a'i fraich o gylch ysgwydd y fechan yn ymddangosiadol dadol. "Ma'r ogleuon bob amser yn f'atgoffa i o rywbeth arall. Ag ellai yn y myw gofio beth." Meddai gan gymryd un o flodau'r gastanwydden rhwng bys a bawd, a drachtio'r arlliw arogl. “Ie, wn i” medde’r ferch. “Dw inne’n cael fy atgoffa o rywbeth, ond beth?” Deil yr offeiriad y blodyn at ffroenau’r hogan, gan ddweud: “Beth bynnag ydi o, mae o’n arogl sy’n f’atgoffa i o amsere difyr, a phrofiada braf. Yn consurio yn y cof rhyw … gosi cynnes … rhyw gyffro …” A hithau, a’i llygaid yn gloywi yn sydyn. “Wrth gwrs, dyna be ydi o … ogla sbwnc!” (*SAIB FER*) Wel Nimrod?

NIMROD: Miss?

GWYLAN: Y bocsys ’ma. Y rhai sy heb ’u hagor.

NIMROD: O, rheina …

GWYLAN: Wyt ti wedi anghofio amdanyn nhw eto yn barod?

NIMROD: Wel, a gweud y gwir …

GWYLAN: Do.

NIMROD: Do.

GWYLAN: Be ’da ni’n baldorddi boddro efo delwedd newydd heb edrych drw rhain. Ella fod ogof Aladdin ’i hun yn ’u crombil cardbord nhw Nimrod.

NIMROD: Ddigon posib Miss.

GWYLAN: Ne hyd ’noed panopli peryglon Pandora …

NIMROD: Un ffordd ne’r llall …

GWYLAN: Rodda’i help llaw i ti symud y rhai bach ’ma i’r stordy. Gei ditha wedyn ddelio efo’r cratia mawr ’ma … A be ’da chi’ch dwy’n ’neud?

PAM: Casglu syniade Miss.

SOPHIE: Makeover i image y busnes.

GWYLAN: Newid Cegin y Dafol. Ella mai dyna fydd raid. Cyfaddawdu er mwyn goroesi …

WRTH SIARAD MAE HI A ***NIMROD*** *YN CARIO RHAI O'R BOCSYS ALLAN, GAN ADAEL* ***PAM*** *A* ***SOPHIE*** *WRTH Y CYFRIFIADUR.*

SOPHIE: Cegin y Diafol! Gottit!

PAM: Be?

SOPHIE: Ar y web fan hyn. Un o seits Appleman …

PAM: Sssh! Gad ni checio hyn gynta, cyn deud dim … Fedr hyn helpu ni efo'r …

SOPHIE: Honeytrap?

PAM: Ssssh!

MAE HI'N DWEUD HYN I GADW ***SOPHIE****'N DAWEL TRA BO* ***NIMROD*** *YN NÔL BOCSYS ERAILL O'R PENTWR A'U CARIO ALLAN.*

SOPHIE: Reit. Ma'r Dafol wedi rhestru ar website Regional and Recreational cwmni Appleman. Ond fel y Diafol. New additions, bore 'ma … Click here to find out more …

PAM: (*YN DARLLEN*) New venture. Heart of Welshest Welsh Wales.

SOPHIE: A new venture in real estate … Details soon to be disclosed …

PAM: Hot property Sophe …

SOPHIE: Beth? Y Dafol … Diafol?

PAM: Nace. Yr info ar y web … 'Da ni rwan yn gwybod mwy na Miss Bossy Pissflaps fanna … A ma mwy o ypdets i ddwad.

SOPHIE: Knowledge is power Pam.

PAM: Knowledge is power Sophe …

MAE'R DDWY YN LLONGYFARCH EI GILYDD A'U LWC.
DROS HYN, Y LLAIS O BELL:

LLAIS: Coloneiddio.
Enghraifft Pedwar.
Mangre:
Myrdd bocsys teganau dewiniaid bach di-ri
Yr alcemyddwyr silicon
Sy nawr yn caethiwo cyfandiroedd
O bobl gegrwth, a'u clymu
At olau glas annynol eu sgriniau tryloyw.

Felly tramwyaf y tywyllwch
Yn twrio am wreiddiau y triffid technolegol
Rhoddwr gwybodaeth, rheibiwr ymwybyddiaeth,
Chwiliaf etymoleg y rhu sy'n gryndod drwy'r seiliau
Datrys hyn, os oes datrys bellach yn bosib.

YN SYDYN SŴN TELEFFON YN TRYDAR YN UCHEL. Y DDWY YN NEIDIO O GLYWED Y SAIN, A ***GWYLAN*** *A* ***NIMROD*** *YN PRYSURO YN ÔL I MEWN.*

MAE ***NIMROD*** *YN RHUTHRO AT FFÔN AR Y WAL.*

GWYLAN: Sna'm cortyn, dim gwifre …

PAM: Dickhead.

NIMROD: Y Dafol … Sori … Y Diafol. Hynny yw, Cegin y Diafol. Ne'r Dafol fel ag o'dd … Cyn i law dyn, wel fi a gweud y gwir, drio gweud wrth y byd beth o'dd yr enw. A trw drio gweud, yn yr un weithred anffodus 'ny, fe newidodd yr enw 'i hunan. Fe newidodd holl natur yn byd bach diarffordd a delfrydol …

GWYLAN: Nimrod! Tydio'm wedi'i blydi gonectio, reit!

SOPHIE: Fuckwit.

SŴN Y FFÔN YN DAL I GLOCHDAR.

PAM: Fy un i 'di o? Ericsson T28?

SOPHIE: Thinnest model in Britain … Ne un fi, y Nokia 5110?

PAM: Most used model in Britain …

*CYFRES O EILIADAU LLE MAE **PAM** A **SOPHIE** YN RHUTHRO O GWMPAS, I GAEL GAFAEL AR GYFRES O FFONAU SYMUDOL SY FEL PETAENT YN YMDDANGOS O BOBMAN POSIB …*

*MAE GANDDYNT FFÔN SYMUDOL YR UN YN EU BAGIAU LLAW, UN ARALL YN EU SACHAU CEFN, EFALLAI FOD UN GAN **SOPHIE** YN EI 'BUMBAG' CARIO PRES, UN ARALL GAN **PAM** WEDI EI GUDDIO RHYWLE TU MEWN I'W DILLAD … AMRYWIAETH O LEOLIADAU ANNHEBYGOL, A SAWL YMGAIS GYDA PHYTIAU O SGWRS I ATEB Y FFÔN GO IAWN …*

*OND DIM YN TYCIO … WEDYN YN SYDYN MAE **GWYLAN** YN COFIO,*

AC YN YMESTYN I GANOL EI PHENTWR BLANCEDI AC ODDI YNO YN ESTYN SET LAW SYMUDOL, AC YN EI HATEB …

GWYLAN: Nawr ylwch chi yma, y bastard difanars a'ch myrraeth uffern … y …

PAM: (*PROMPTIO*) Dickhead …

GWYLAN: Y dickhead diawl …

SOPHIE: Fuckwit …

GWYLAN: Y ffycin fuckwit ffwc …

Y LLEILL YN EI HANNOG YMLAEN, BODIAU AR I FYNY, YN LLAWN ANOGAETH. OND MAE HI'N SADIO YN SYDYN.

GWYLAN: Mr Appleman … Ie Syr. Na, siarad â … Nimrod, y gwas bach … Simpleton, diniweityn di-glem, Poer Nano, rhyw gyw Mr Pobun heb ddim yn 'i glopa … Ydw syr, mi ydw i'n rwdlan rwan … Ynghanol … brainstorm … fflachiadau o ysbrydoliaeth … ynglŷn â sut i wneud ffortiwn i chi yn y Dafol, sori … y Diafol … Syr? Reit. Ydw, dwi wedi ymdawelu rwan. Yn llwyr. Llefarwch Arglwydd, canys mae eich gwas yn clywed … Wrth gwrs Syr. Aruthrol, bendigedig, ffrwydwefriol o … Y? O, ffrwydwefriad … Gair Cymraeg am orgasm syr, ne falle mai fi ddychmygodd o … Bathu nhw fy hun weithie … Pan fo'r iaith yn brin o … Sori Syr. Wrth gwrs meistr. Ar bob cyfri, bos.

MAE HI'N DIFFODD Y FFÔN.

GWYLAN: Shit.

SOPHIE: Be sy nawr?

GWYLAN: Parseli wrth Appleman. Y dreifyr newydd gyrraedd. Methu ffeindio cloch y drws yn y ffrynt …

NIMROD: Ma hynny'n atgoffa fi Miss. Bo fi fod i'ch atgoffa chi, bo chi ishe atgoffa fi, bo fi'n dala heb agor rhein fan hyn.

GWYLAN: Delia di efo rheiny Nimrod. 'Mond rhyw geriach cegin o Lunden. Dallt dim ar dechnoleg cegin. Dyna pam dwi'n dy dalu di. Eith Sophie a Pam a finne i ddelio efo'r deliferi newydd 'ma.

SOPHIE: Beth y'n nhw? Pethe trwm? Rhy drwm i supermodels bregus fel dolis porselin ysgwyddo?

GWYLAN: Deudwch chi wrtha i. Chi ydi cynrychiolwyr Appleman.

PAM: Wrth gwrs. Dyma'r parseli sy'n mynd i achub Cegin y Diafol. Ti a fi brosesodd yr ordyr, cofio Sophe?

SOPHIE: Oh yeah. Wrth gwrs Pam. Well ni fynd i hôl nhw. I chi ga'l dechre gweld siâp y dyfodol Miss.

*MAE **PAM** A **SOPHIE** YN MYND ALLAN. **GWYLAN** YN EU DILYN OND YN TROI YN SYDYN AT **NIMROD** AC YN CYFARTH ARNO.*

GWYLAN: Tithe! Dim mwy o'r ffwcio trwyddi draw 'ma. Wn i'n iawn bo ti wedi bod wrthi efo'r un dena dal 'na. Pam.

NIMROD: Pam? Achos bod yr hen ddywediad yn wir Miss. Ysywaeth yntefe. Cryfach y tynn cont nag y tynn rhaff …

GWYLAN: Na – 'i henw hi. Pam. Yr un powld, heglog, a

	pwdendym yn wafftio persawr fel peraroglydd mewn poethoffrwm … Sy'n fy atgoffa i o stori fach Nimrod …
NIMROD:	Ddim nawr Miss, ddim nawr …
GWYLAN:	Meiddia di ffwcio'r llall, y slebog sgleiniog 'na, Sophie, ac mi rodda i gwlwm yn dy geillie di Nimrod. Cwlwm Gordian.
NIMROD:	Unwaith yn ddigon Miss.
GWYLAN:	Gaddo!
NIMROD:	Addo pido ffwrcho Sophie fach … (*SOTTO VOCE*) Yr eildro …

*MAE **GWYLAN** YN DIFLANNU I DDILYN Y DDWY FERCH ARALL. MAE HI'N GADAEL **NIMROD** I STRYFFAGLIO AGOR DAU NEU DRI O FOCSYS CARDBORD. DAU FOCS YN CYNNWYS GERIACH A DILLAD CEGIN …*
WEDYN BOCS MAWR SGWÂR TRWM …

*MAE'R BOCS MAWR YN AGOR O'R TU ÔL I **NIMROD**. YN CODI OHONO MAE MENYW IFANC MEWN BASQUE A SANAU NEILON. MAE HI'N SIMSAN OFNADWY AR EI THRAED, AC YN YMDDANGOS YN HANNER EFFRO. O'R DIWEDD **NIMROD** YN TROI AC YN SEFYLL WYNEB YN WYNEB Â HI.*

NIMROD:	Aaagh! … O mam!
ENGELHART:	Gutten tag mein liebling.
NIMROD:	Ho ddrychiolaeth!
ENGELHART:	Bonjour, ça va? Buenos tardes senõr … Buonjorno …

NIMROD: Ho Chwaer! …

ENGELHART: How are you mate? How's things?

NIMROD: Er chwipio'r gwyntoedd anghenedl
Ar wyneb di-iau yr iâ …

ENGELHART: Cymro 'da chi? Lle ydw i? Gwalia lân. Gwlad y menyg gwynion …

NIMROD: A'r menyn melyna yn y byd, a'r lla'th melysa yng ngwilod y bowlen gornfflêcs …

ENGELHART: Cyrraedd Cymru o bob man. Dan gaead, mewn gofod dudew …

NIMROD: Bubblewrap. Chi'n amal …

ENGELHART: Ieithog? Ydw. Fel byddech chi'n disgwyl gan ohebydd newyddiadurol rhyngwladol, sy wedi mwynhau breintiau system addysgol yr Almaen. Gweithio i bapur dylanwadol ac nid anenwog. Ydach chi'n gyfarwydd â *Der Spiegel*?

NIMROD: O'dd 'da ni hen ast gatre ar y ffarm. Spiegel o'n i'n galw honno … Hanner sbaniel a hanner beagle yntefe, rhyw erthyl mwya salw o fwngrel … Yn ddrefls ac yn gagle i gyd …

ENGELHART: Iaith y Nefoedd yn wir. Ac mae gen i gymaint ar ôl i'w ddysgu am yr eirfa bersain hudolus hon. Drefls, cagle … A! Drwy eu hynganu, medraf eu blasu … Mmmmm!

NIMROD: Na, mynd i 'weud o'n i bo chi'n amal …

ENGELHART: Yn amal yn ymddangos yn ddisymwth allan o

berfedd bocs cludo? Na na gyfaill, y stori ryfeddaf yw sut yr es i fewn i'r cyfryw focs cludo yn y lle cyntaf.

NIMROD: Nage, bo chi fel amal – amal …

ENGELHART: A! Marlene Dietrich? Wrth gwrs. Yr acen. Yr hynodwisg.

O DU MEWN EI STAES MAE HI'N ESTYN TÂP SAIN.

ENGELHART: Cerddoriaeth, Maestro!

NIMROD *YN GOSOD Y TÂP YN Y CHWARAEYDD TAPIAU, A'R GERDDORIAETH YN DECHRAU. MAE* ***ENGELHART*** *HITHAU YN DECHRAU AR BENNILL CYNTAF CÂN ENWOG MARLENE DIETRICH O "DER BLAUE ANGEL".*

ENGELHART: Falling in love again,
What am I to do …

(ac yn y blaen)

NIMROD: Bravo Miss, bravo!

ENGELHART: (*YN STOPIO CANU YN SYDYN AC YN DIFFODD Y TÂP*) Ond nid y hi ydw i gyfaill. Cofier nad yn y symbol y mae y sylwedd. Neu fe fyddai'r symbol yn fwy na'r sylwedd, a'r sylwedd o'r herwydd yn ansylweddol.

NIMROD: Yn gwmws. A trio gweud o'n i, bo chi yn amal … amal … amalgam o bethe gwahanol, bripsach o bopeth, yntefe …

ENGELHART: Nes ati o lawer gyfaill. Rwy'n dilyn gwahanol drywyddau, a gwisgo gwahanol gochlau addas fel y bo'r angen …

NIMROD: A shwd yn union 'nethoch chi ddiweddu lan mewn bocs cario ynghanol bubblewrap?

ENGELHART: Roeddwn i'n canu, mewn clwb, wel seler mwll a myglyd, ag iddo drwydded canu a diota … ym mherfeddion Soho.

NIMROD: Soho, Llunden?

ENGELHART: Ie.

NIMROD: Yffarn gols!

ENGELHART: Yn ffugio bod yn berfformwraig bwrlesg o rialtwch y Reperbhan yn Hambwrg. Ac fel roedd yn gweddu i gantores o borthladd bydenwog, fy mhersona mabwysiedig oedd Pirate Jenny, ffrwyth dychymyg carlamus a masweddus Weill a Brecht … Eto Maestro!

***NIMROD** YN GOSOD Y TÂP I CHWARAE ETO … CLEC AR FYSEDD **ENGELHART** AC MAE'R GOLAU YN NEWID I AWGRYMRU AWYRGYLCH CABARE … MAE HI'N CANU CÂN "PIRATE JENNY" O "THE THREEPENNY OPERA" …*

ENGELHART: "You lads see me wash the glasses
Wipe the floors, make the beds,
I'm the best of servants.
You can kindly throw me pennies
And I'll thank you very much
And you'll see me ragg'd and tattered
In this dirty shit hotel …"

*WRTH GANU MAE **ENGELHART** YN TYNNU **NIMROD** I MEWN I'R DDAWNS, AC YNTAU YN DILYN EI CHYFARWYDDYD … AC YMLAEN AT …*

ENGELHART: "And you'll say
What's she got to smile at for?

And the ship, eight sails shining,
Fifty five cannons wide sir,
Waits there at the quay …"

*MAE **NIMROD** NAWR YNG NGHRAFANGAU **ENGELHART** … MAE **NIMROD** YN CEISIO ESTYN ALLAN I DDIFFODD Y TÂP.*

NIMROD: Ond sai'n deall … Pwy y'ch chi … A pam o'ch chi yn Soho o gwbwl?

ENGELHART: Dilyn trywydd stori. Rhan o gyfres am sut mae mythau a ffantasïau yn tramwyo o wlad i wlad, o ddiwylliant i ddiwylliant, yn coloneiddio a chaethiwo.

NIMROD: Ond pwy o'ch chi'n gaethiwo draw yn Soho bell?

ENGELHART: Doeddwn i ddim yn caethiwo, nac yn coloneiddio. Cofnodi oeddwn i, yr hurtyn. Yn yr hen ddyddiau roedd ymerodraethau yn coloneiddio drwy rym corfforol. Heddiw mae ymerodraethau newydd yn coloneiddio drwy rithio diwylliannau a rhwydo dychymyg … Roeddwn i'n cymharu'r osmosis treisgar hyn â phla y gwaedsugnwyr chwedlonol, yn sugno gwaed bywiol pobloedd wâr er mwyn meddiannu eu meddyliau a'u heinioes. A minnau yn ceisio rhybuddio, ac ymladd yn ôl, fel Mina Harker yn arwain y gwyrda dewr at ffau y gwaedsugnwyr …

NIMROD: Gwaedsugnwyr? Beth yw gwaedsugnwyr gwedwch?

ENGELHART: Nosferatu, sy'n goroesi drwy ddrachtio'r gwaed o'r gwythiennau … Fel hyn …

NIMROD: Wwwww!

ENGELHART: A fel hyn!

NIMROD: Pidwch … pidwch! … Wy'n coglish i gyd … yn faleithe byw o fodie'n nhrad i fla'n y nghoc.

ENGELHART: Yn gwenwyno a gwefreiddio dan yr un …

NIMROD: Fy mrawd yn y pydew gwaed
Yn sugno'r wich trwy'r war …
Aaaaa!

*WRTH I **ENGELHART** BARHAU I SUDDO'I DANNEDD YNG NGWDDW **NIMROD** DAW **PAM** A **SOPHIE** YN ÔL MEWN, YN CARIO BOCSYS.*

PAM: Brysia!

SOPHIE: Beth?

PAM: Cyn iddi hi ddod nôl fewn …

*MAE **NIMROD** YN GWTHIO **ENGELHART** YN DDISEREMONI YN ÔL I'R BOCS CLUDO MAWR, OND YMESTYNA LLAW **ENGELHART** ALLAN A LLUSGO **NIMROD** YN ÔL MEWN AR EI HÔL. Y DDAU YN DIFLANNU DAN YMAFLYD I BERFEDDION Y BOCS …*

PAM: Checia fo. Brysia.

SOPHIE: Checo beth?

PAM: Y compiwtar. Y'n pasport ni …

SOPHIE: I'r Superhighway …

PAM: Y'n pasport ni i bŵer, yn fanma. Cadw gam ar y blaen iddi hi.

SOPHIE: Popeth yn gwitho'n iawn …

PAM: Ond y seit … Seit Appleman. Sbia i weld …

SOPHIE: Walle bod update.

PAM: Hollol.

SOPHIE: 'Ma ni … Ma'r neges yn newid, o fla'n yn llyged i!

*MAE **PAM** YN CEISIO DARLLEN DROS EI HYSGWYDD.*

PAM: Refer to updated site … Real Estate Update …

SOPHIE: Beth yffarn sy'n y bocs 'na Pam?

PAM: Dio'm ots rwan. Sbia ni wedyn. Dal mlaen i sgrolio'r seit yma … New on the market. For Real Estate Professionals …

*O'R TU ÔL IDDYNT, MAE **NIMROD** YN DECHRAU DRINGO ALLAN O'R BOCS.*

SOPHIE: Formerly "Y Diafol" … Site Search …

PAM: Go …

SOPHIE: Relaunch confirmed as …

PAM: Sssh … Cau hi Soffe … Sbia.

*Y DDWY YN TROI I EDRYCH AR **NIMROD**.*

SOPHIE: Ti! Beth yffarn sda ti miwn 'na?

NIMROD: Rwbeth sy 'da fi ers dyddie'r ysgol fach … Mexican jumping bean. Ond ma'i 'di tyfu tymbach ers 'ny. Chi'n rhoi ddi orwedd ar ben radiator, aros am sbel, a'n sydyn … Aaaah!

*LLAW **ENGELHART** YN EI DYNNU CHWAP YN ÔL MEWN I'R BOCS.*

*AR YR UN PRYD MAE LLAIS **GWYLAN** YN DOD YN NES.*

GWYLAN: Choeliech chi byth … Sbïwch …

PAM: Be mae o'n ddeud Sophe? C'mon!

SOPHIE: Relaunch confirmed as … Y … Criafol … Downloading new information …

PAM: Image … Done …

SOPHIE: Trem y Criafol …

PAM: Ash Grove …

*MAE **GWYLAN** NAWR YN DOD I'R YSTAFELL, GAN EDRYCH DRWY DDILLAD SYDD WEDI EU PACIO MEWN BOCS.*

GWYLAN: I be ffwc ma Appleman …

PAM: Cuddia'r seit Sophe. Close …

GWYLAN: Yn gyrru pethe felma i ni? … Lle ma Nimrod?

SOPHIE: Yn y bocs mowr 'na.

GWYLAN: Yn y bocs?

Y BOCS YN DAL I SYMUD A RHYW SWNIAN RHYFEDD O'R TU MEWN IDDO.

PAM: Efo rwbeth o Mecsico.

SOPHIE: Rwbeth i 'neud â jwmp …

GWYLAN: Nimrod? …

YN HANNER NOETH AC ALLAN O WYNT YN LÂN MAE ***NIMROD*** *YN LLUSGO'I HUN I FYNY ALLAN O'R BOCS ETO.*

GWYLAN: Efo be ne pwy?

NIMROD: Y?

GWYLAN: Wyt ti'n cael jwmp, fewn fanna rwan?

NIMROD: O'n i ddim, wir …

GWYLAN: Wel be o'dd yn mynd mlaen fewn 'na. Yr holl fwstwr 'na.

NIMROD: Dim byd.

MAE ***GWYLAN*** *YN EI DARO.*

GWYLAN: Dwi wedi deud. Dim celwydd!

NIMROD: Olreit, olreit. Ca'l y'n sugno …

MAE HI'N RHOI CELPAN IDDO ETO.

GWYLAN: Gan bwy tro yma?

NIMROD: Marlene Dietrich …

GWYLAN *YN RHOI CERNOD ARALL IDDO.* ***NIMROD*** *YN SYRTHIO NÔL I MEWN I'R BOCS. MAE* ***GWYLAN*** *YN LLUSGO* ***ENGELHART*** *FYNY AR EI THRAED, NES EI BOD BEN A SGWYDDAU ALLAN O'R*

*BOCS. MAE **GWYLAN** AR FIN RHOI BONCLUST IDDI HITHAU HEFYD, PAN GWYD **ENGELHART** EI LLAW I'W RHWYSTRO.*

ENGELHART: Gwylan … Gwylan annwyl …

GWYLAN: (*HEB EI NABOD*) Be uffarn oeddet ti'n 'neud efo hwn, fewn yn …

ENGELHART: Esbonio sut roedd sugno yr hylif bywiol rhedegog …

GWYLAN: (*SLAP IDDI*) Synnu bo gynno fo unrhyw hylif ar ôl, yn rhedegog ne stond …

ENGELHART: Yn cynnal yr Anfarw, y Fampiriaid, ym mytholeg y Nosferatu … Gwylan annwyl. Wyt ti ddim yn 'y nghofio i?

SAIB.

GWYLAN: Greta? Greta Engelhart?

ENGELHART: Neb llai. Gwylan, fy chwaer …

GWYLAN: (*WRTHYM NI*) Oni bai fod effaith y mescalin wedi cilio, fe fyddwn i'n credu 'mod i'n dal mewn arall fyd … mewn arall wlad … hyd yn oed, yn ôl ym Mecsico …

ENGELHART: Mecsico. Y tro dwetha i ni rannu cyfeillach. Hithau wedi dilyn trywydd yr hipis hirwallt prydferth …

GWYLAN: Trwy Galiffornia, lawr i Guadalahara, ac Acapulco …

ENGELHART: Hithau i arbrofi gyda mescalin … Ymestyn ffiniau y deall. Finnau yn casglu deunydd dogfennol ar gyfer fy erthyglau …

GWYLAN: Ar drywydd rhyw wirioneddau newydd mawr … Y ddwy ohonon ni. Greta fach, be ddiawl wyt ti'n 'neud yn fanma?

ENGELHART: Roeddwn i'n dilyn stori, yn Llundain …

NIMROD: Soho …

ENGELHART: Sy'n esbonio'r dilladach Dietrichaidd … Cofnodi caethglud merched ifanc o Ddwyrain Ewrop i weithio fel puteiniaid yn ninasoedd y Gorllewin. Llancesi tlawd o Budapest a Prague. Prae y marsiandïwyr rhyw. Fel Lucy Westenras a Mina Harkers cyfoes wedi eu troi'n gorpysau byw gan ecsploetwyr, gan enaid-sugnwyr …

GWYLAN: Ie ie … Ac?

ENGELHART: Yn sydyn, daeth fy mwriad yn hysbys, roeddwn i mewn perygl bywyd … rhaid oedd dianc … Ac wrth ffoi fe'm cornelwyd mewn warws tanddaearol … A'r unig guddfan oedd cyflenwad o gratiau offer cegin oedd ar fin cael eu llwytho i gefn lori … I'w cludo i Duw a ŵyr ble …

GWYLAN: Felly ffawd sy wedi dod â ni ynghyd eto Greta. Falle mai ti fydd fy achubiaeth. Ti a dy feddwl craff analytig …

*MAE **NIMROD** NAWR YN EDRYCH YN Y BOCSYS NEWYDD, A THRA BO **GWYLAN** AC **ENGELHART** YN SGWRSIO, MAE E'N DECHRAU TRIO DILLAD O'R BOCSYS … DARNAU O FFURFWISGOEDD NYRSYS, OND AM FUNUD DYW **NIMROD** DDIM YN GWELD HYN …*

GWYLAN: A dy sythwelediad newyddiadurol … Ydi ffawd wedi dy yrru yma i f'achub i, ac achub y Dafol?

SOPHIE: Ni sy fod i'ch achub chi. Am ddeg punt yr awr …

PAM: A rhywle i grasho …

SOPHIE: Contract yw contract …

GWYLAN: A dwi'n dal i ddisgwyl esboniad ganddoch chi, o be'n union ydi bwriad ych bos chi, Appleman, ar gyfer y lle 'ma … Nimrod, be ffwc wyt ti'n drio 'neud rwan … A be ffwc ydi'r gêr 'na?

NIMROD: 'Ma be sy yn bocsys Mr Appleman Miss.

GWYLAN: (*WRTH **SOPHIE** A **PAM***) Be ydan nhw? Chi sy fod i wbod …

SOPHIE: Iwnifforms.

NIMROD: Croese bach coch, cape bach gwyn …

GWYLAN: Iwnifforms ffycin nyrsys?

PAM: Del te? Secsi.

SOPHIE: Slinci. Wicked.

GWYLAN: Ond gwesty a bwyty dwi'n agor. Nid ffycin triage …

ENGELHART: Efallai fod yma ryw ystyr tu hwnt i'r amlwg. Rhyw awgrym, rhyw arwydd …

GWYLAN: (*WRTH **SOPHIE** A **PAM** ETO*) Dewch mlaen ta, chi'ch dwy. Be gebyst ydi bwriad Appleman yn gyrru rhain?

SOPHIE: Wel …

PAM: Wel, amlwg …

SOPHIE: Obvious …

GWYLAN: Be sy'n amlwg, yn obvious? Dechreuwch haeddu'ch pres.

PAM: Well ni esbonio ta Sophe …

SOPHIE: Ie … Dechreua di te.

PAM: Reit. Ddechreua i … 'Da ni fod i … wisgo rhain.

SOPHIE: Hollol. Fel hyn.

*MAE **PAM** A **SOPHIE** YN DIOSG EU DILLAD GWEINI AC YN GWISGO'R IWNIFFORMS NYRSYS.*

GWYLAN: Pam?

PAM: Ie?

GWYLAN: Nace, pam? I be?

PAM: O, wel … Be o'dd y gair eto … Identity …

SOPHIE: Newydd. Theme nights. Nosweithi …

PAM: Thema. Naughty nurses. Yn syrfio bwyd. I ddynion busnes cyfoethog, a –

ENGELHART: Ecsploetiaeth. Noeth.

PAM: Wel, hanner noeth. Sbiwch, ma rhain jyst about yn cyfro …

*MAE HI A **SOPHIE** YN GORFFEN NEWID I'R DILLAD NYRSYS.*

ENGELHART: Pa fath o ddynion busnes cyfoethog. Rhai sy …

SOPHIE: Yn dew …

PAM: Yn hoffi drwlio …

SOPHIE: Yn driflo fel babis. A rhoi tips mega mawr.

PAM: Hollol.

GWYLAN: Nosweithie thema, efo blydi nyrsys, yn fflachio'u tits a'u tine …

SOPHIE: Dependo ar y tips wrth gwrs …

PAM: Theme nights. Big thing dyddie yma.

SOPHIE: Yn bobman. Ma nhw yn, like, mega, ble wy'n dod o.

GWYLAN: A lle wyt ti'n "dod o"?

SOPHIE: (*PWYNTIO AT Y CEFN*) Fforna rwle … Pen draw yr highway … Theme nights. Really, like, good laugh. Chi'n gwbod.

GWYLAN: Ma'r Genedlaethol yn dwad i'r ardal ym mis Awst. Sut 'chi'n ffansïo cydadrodd y fwydlen, a gneud dawns y glocsen wrth gario'r bwyd i'r byrdde?

SOPHIE: Dans y beth?

PAM: Gwisgo clogs? I ddawnsio? No way …

GWYLAN: C'mon … A Gwylan ydw i, Greta 'di enw hithe, be am i ni gael theme nights ffycin Lleifior tra ydan ni wrthi. Blas ar ddiwylliant Cymraeg go iawn …

SOPHIE: Sdim byd yn rong mewn nyrsys.

ENGELHART: Sexist.

PAM: O ia, a 'da chithe wedi'ch gwisgo'n barod i fynd i'r Ysgol Sul. I mean … like, excuse me! Os 'da chi'n jealous bo gynnon ni'r slinky to die for boobs and butts …

SOPHIE: Fydd yn edrych yn stunning yn y gêr 'ma …

PAM: Do's na'm byd yn sexist mewn cyberspace.

SOPHIE: Dim bai ni bo ni yn superwaifs, yn fashion icons … A bo chi -

PAM: Fatha back end bus. Fucking ogre, preloved, unreactive.

ENGELHART: Gochela y gwenwyn yma Gwylan. Rwy'n ame yn gry fod y ddwy yma yn dy dwyllo di.

GWYLAN: Ti'n iawn Greta. Cymryd degpunt yr awr. A'r cwbwl ma nhw di fedru gynnig ydi y dylan nhw wisgo fel rhyw nympho nyrsys i gael 'u pawennu gan gwsmeried boldew …

PAM: Dyna ma Appleman isio. Byd yn llawn o ffigure ffantasi.

GWYLAN: Lle ma'r holl wybodaeth fewnol 'ma am gynllunia Appleman? Cyfrinache am ddyfodol y fenter 'ma.

SOPHIE: Olreit … Rown ni wybodeth i chi.

PAM: Cyfrinachol …

SOPHIE: Yr union eiliad 'ma, ma cwmni Appleman yn newid enw a disgrifiad y lle 'ma eto.

GWYLAN: Wn i hynny. O'r Dafol, i'r Diafol …

SOPHIE: Chi ar i hôl hi Miss. Enw newydd 'to. Y Criafol.

PAM: Ash Grove … Ma'r lle'n mynd ar y farchnad o'r newydd.

GWYLAN: Amhosibl … Profwch hynny …

SOPHIE: Ffindiwch chi ma's yn ddigon clou.

PAM: Pan ddaw y prynwyr real estate at y drws …

ENGELHART: Oes gen ti fodd o gysylltu efo cwmni Appleman?

GWYLAN: Rhif swyddfa … rhyw P.A. … Gewn ni weld faint o wir sy yn y stori fondigrybwyll 'ma rwan …

WRTH SIARAD MAE HI'N DEIALU AR EI FFÔN SYMUDOL.

PAM: Pob croeso i chi. Check it out, why don'tcha …

SOPHIE: Fod 'da ni access i bob penderfyniad, wrth iddyn nhw ddigwydd …

PAM: Cyn iddyn nhw ddigwydd … Y'n bod ni'n werth llawer mwy na deg punt yr awr hyd yn oed …

SOPHIE: Dwbl hynny …

GWYLAN: Y gegin a'r gwesty, y darn bach o etifeddiaeth, formerly known as Y Dafol … Ie … Ie … Y Diafol … Wel, mater o lithriad bach rhwng dwy lythyren … Ond rwan? … Iawn, felly o'n i wedi cael ar ddallt

… Oes ma gen i ddiddordeb, diddordeb mawr iawn … Fi sy'n rhedeg y lle rwan, ond os bydd raid i mi ail-gynnig am y tender … Wel ella mai dyna fydd raid … Diolch. Miss …

MAE HI'N RHOI'R FFÔN I LAWR ETO.

GWYLAN: Ma nhw yn cynrychioli Appleman. Achos ma'r honiad yn gywir bob gair. Gwybodaeth newydd sbon danlli, newydd gael 'i ryddhau y funud 'ma …

ENGELHART: Neu bedair, bum munud yn ôl o bosib.

PAM: Pa ffycin wahanieth 'di hynny, sado …

ENGELHART: Gwahanieth arwyddocaol iawn efallai. Criafol … Ash Grove … Oni chrybwyllwyd yr enwau hynny rai munudau nôl. Rhyw ledglywed wnes i, o gist y crât cludo yna. Pan oeddet ti a finne yn ymgodymu ym mhlygion y bubblewrap Nimrod …

NIMROD: Wwww … neis …

***GWYLAN** YN RHOI PWNIAD ARALL I **NIMROD**.*

ENGELHART: Beth tybed oedd y ddwy gnawes gyfrwys yma yn ei wneud tra'r oedden ni yn y gist?

NIMROD: Run peth a ma nhw'n 'neud bob yn ail eiliad.
Rhythu ar y ffenest fach las 'na …
"Un llawr o iâ glas yw'r lle,
A throed ni chyrhaedda na chri
I'w pherffaith ddiffeithwch oer …"

SOPHIE: God. Get real Nimrod …

NIMROD: Ond suo'r dymestl gref

A'r un aderyn ni ŵyr
Dramwyo diffeithwch ei nef …

PAM: Ia … I mean … Find a life …

NIMROD: Lle mae'r nos yn goleuo'r niwl
A'r niwl yn tywyllu'r nos …

*MAE **ENGELHART** YN SYMUD AT Y CYFRIFIADUR AC YN GWTHIO **SOPHIE** A **PAM** I'R NAILL OCHR.*

ENGELHART: A dyma efalle, darddle y dirgelion … Y byd sy'n eu galluogi i bedlera eu celwyddau …

*MAE **ENGELHART** YN GOGWYDDO'R SGRIN FEL BOD **GWYLAN** YN EI GWELD. MAEN NHW I GYD NAWR YN GALLU GWELD Y WYBODAETH AR Y CYFRIFIADUR.*

ENGELHART: Gwefan Appleman … Darllenwch ragor, ferched, da chi.

PAM: New on the market. For Real Estate Professionals …

SOPHIE: Trem y Criafol …

PAM: Ash Grove …

GWYLAN: Executive Residential Care …

ENGELHART: Luxury location, expansive grounds …

SOPHIE: Tenders invited …

PAM: O hanner nos heno ymlaen. 'Da chi ar y farchnad eto.

NIMROD: Chi?

PAM: Ni. Y lle 'ma.

ENGELHART: Weli di Gwylan – tydi'r ddwy yma ddim yn gweithio i Appleman. Cwbl sy ganddyn nhw yw cyfrifiadur …

SOPHIE: State of the art …

ENGELHART: A chrebwyll ar dechnoleg sy'n datrys dirgelion …

SOPHIE: Downlodo byd newydd … Y drws i Cyberspace …

ENGELHART: Oes gan yr Appleman yma hawl i 'neud fel a fynno fo efo'r hen le yma?

GWYLAN: Ma 'na brint mân … Cyfrole … Anneirif, annarllenadwy … A mi 'nes i arwyddo, mewn munud o wendid.

NIMROD: Ma Miss yn rhy browd i gyfadde. O'dd hi ar i chythlwng. O'dd rhaid iddi ga'l arian o rwle. I gadw to uwch 'i phen, i 'nghyflogi i …

ENGELHART: Y ffurfwisgoedd nyrsys yma … Ar gyfer y cartre newydd.

GWYLAN: Y cwbl wedi'i drefnu? Sgen i ddim dewis felly …

PAM: Dal i ddeud, ma nhw'n really del. Tydan Sophe …

SOPHIE: Siwto ni Pam. D'reni wasto nhw.

GWYLAN: Dyna ddymuniad Appleman? Os felly … Dwi'n dal yma. Rhyw fudr dal gafel … Be 'di'r ots be 'di'r arwydd uwchben y drws. Dwi'n gaeth i'r lle 'ma bellach. Yn gaeth i 'nhynged.

ENGELHART: Y gaethglud derfynol, i'r caethiwed eithaf un …

PAM: Ella mai nid Appleman ydi'n bos ni go iawn, ond fo ydi'r webmaster …

SOPHIE: Fe sy bia'n codenames ni, y'n virtual identities ni … Wy'n bored ar y seit 'ma nawr Pam.

PAM: A fi. Dos nôl at … Top babes tell all …

SOPHIE: Yeah!

ENGELHART: A'r pla ola … sy wedi coloneiddio cortecs y blaned bwdwr … sugno celloedd y meddwl drwy dyllu gwythiennau diwylliant, drwy ddwyn iaith, a throi ystyr yn fregliach dieirfa … A dyma'r un pla y medraf gofnodi ei ddyfod, ond heb arf yn y byd i wrthsefyll ei ddifrod.

GWYLAN: Y Dafol … Y Diafol … Y Criafol … Be o ddifri ydi'r ffycin ots … Cronglwyd … Lle cynnal, lle cysgu, lle caru … Fy nghornel bach i ydi fy nghornel bach i … ydi fy nghornel bach i. Trem y Criafol. Done.

CLOCH Y DRWS ETO, ODDI AR Y LLWYFAN. ***PAM*** *YN MYND ALLAN.*

SOPHIE: Cartre hen wrinklies? Salary, I s'pose …

GWYLAN: Haws plesio yr hanner effro, yr hanner marw …

SOPHIE: Stop-gap. Nes bo ni nôl ar y superhighway …

NIMROD: Na, nid i fi.

SOPHIE: Pob supermodel yn dechre fel skivvy yn rhwle. I s'pose …

NIMROD: Rhy agos i'r dywarchen, rhy bell wrth y pridd …

SOPHIE: Eniwei, sdim byd yn sefyll yn stond yn Cyberspace … Y top babes … Search …

***PAM** YN DOD YN ÔL I MEWN GAN WTHIO CADAIR OLWYN.*

PAM: Llond lori o'r rhain newydd gyrraedd … Be ti 'di ffeindio Sophe?

SOPHIE: Site found … Done.

***PAM** YN BWNDELU **GWYLAN** I MEWN I'R GADAIR. STORM YN DECHRAU O'R TU ALLAN ETO. MELLT A THARANAU, A'R GOLAU YN FFLACHIO'N AFREOLAIDD.*

NIMROD: Wy'n symud mla'n, Miss.

GWYLAN: I ble'r ei di Nimrod annwyl?

NIMROD: Nunman newydd. Gobitho. Sha nôl, fydde'n neis …

ENGELHART: Minnau hefyd. I grwydro'r gwledydd eto. I geisio mynegi tranc mynegiant. Rwy'n ddehonglwraig Gwylan, ond yn ddibŵer i newid dim bellach. A oes modd trechu tranc?

GWYLAN: Ma modd trechu'r düwch, drw gau'r llygada'n dynn. Achos fewn yma, tu cefn i'r cloriau, tu ôl i'r amrannau, mae haul Mecsico, a'r awyr yn pefrio'n amryliw a chorff hardd yn ddisglair gan chwys … Rheini gyd yn saff rhag y düwch.

ENGELHART: Ac fe fyddi di fyw ar hynny chwaer?

GWYLAN: Ar hynny, bydda bellach. Bwydwch fi ferched …

*MAE **NIMROD** YN DECHRAU DATGYSYLLTU CEBLS A GWIFRAU O OFFER Y GEGIN.*

*YN Y CEFNDIR, **PAM** YN DECHRAU RHOI BWYD LLWY I **GWYLAN**, GAN SYCHU EI GWEFLAU A'I GÊN Â CHLWT YN YSBEIDIOL. MAE **SOPHIE** YN DAL YN GAETH I'R LAPTOP.*

TRA BOD HYN I GYD YN DIGWYDD Y PUMP YN SIARAD AR DRAWS EI GILYDD, GYDA CHERDDORIAETH ENYA YN YMCHWYDD O DAN Y BABEL. . .

SOPHIE: O – wow! Unofficial site arall fan hyn reit, am Madonna.

PAM: O, ia, Sophe. Dig the dirt. Ty'd laen …

SOPHIE: Madonna didn't shave her armpits – but she was still a popular cheerleader … Attending high school with the Material Girl was a hair-raising experience! … Just ask her former schoolmate Tanis Rozelle who says Madonna had a unique way of raising eyebrows! … "In high school Madonna was a nonconformist. Unlike the other girls, she didn't shave her armpits – and neither did her sister Melanie!" says Tanis. "That was considered pretty weird!" Tanis remembers that the Ciccone sisters really stood out. "Both had thick tufts of hair growing out from underneath their armpits. It caused a controversy, but after a while people just accepted it." While her underarm grooming may have been the pits, it didn't affect Madonna's popularity …

PAM: Ffycin hel! Ydy'r mellt yn medru dwad fewn 'ma trw'r wires ne be? Ma'r sgrin na'n troi yn positively melyn Sophe …

GWYLAN: Lliw hen femrwn. Yn gronicl o golli gafel, ar bob dim, hyd 'noed y nghrebwyll. Druan bach â mi, druan bach. Lliw lladd gwair. Lliw crawn …

ENGELHART: Ry'n ni'n rhannu planed, ond heb fyth rannu profiad. Credu ein bod yn rhannu iaith, gallu cymharu ystyr, deall a chyd-ddyheu. Cyffwrdd fel cariadon. Ond pan archwiliwn ogofâu dyfnaf ein bod, rydym ar ein pennau ein hunain …

SOPHIE: "It didn't stop her from raising her arms high while cheerleading - even when she wore a sleeveless uniform," says Tanis, who now lives in Ithica, NY. Madonna graduated from Rochester Adams High School in Michigan in 1976 and won a scholarship to study dance at the University of Michigan. Said Tanis, "I don't know if Madonna is shaving under her arms now, but she can do anything she wants – she's a star!"

PAM: Too right she can Sophe. She's a star. Ti'n meddwl bod underarm tufts yn secsi Sophe? Be 'da ni'n feddwl bore 'ma Miss Gwylan? Tufts, ta squeaky clean?

GWYLAN: Gwair ar lawntie'r mans. Allan fanna. Crop. Cwrs dan y penglinie. Cynnes dan wadne'r traed … Yng nglas y dydd. Bore, ta hwyr? Be ydi hi Nimrod? Un funud i … Yr unfed awr ar ddeg …

ENGELHART: Mae bloedd y croeshoeliedig yn adleisio drwy oerni unigeddau bywyd. Mae'r groglith ola yn digwydd nid gerbron torf ar draffordd bywyd, ond ar ynys ddiannedd.

*MAE **NIMROD** YN DATGYSYLLTU'R LAPTOP WRTH LIF Y TRYDAN. Y CYFRIFIADUR YN DIFFODD. SŴN TARAN ARALL A MELLT YN*

FFLACHIO … GOLAU GWYN LLACHAR YN LLENWI'R HEN GEGIN. MOR EIRIAS YW'R GOLAU NES FOD ***ENGELHART*** *YN CAEL EI DALLU. MAE HI'N RHOI BLOEDD DDOLEFUS AC YN DDIWELD YN DRINGO NÔL I'R BOCS CLUDO MAWR …*

Y LLEILL YN Y CEFNDIR YN FFERU … MAE ***NIMROD*** *BELLACH YN SILWÉT LLONYDD, YN EISTEDD AR Y BWRDD PARATOI YNGHANOL Y GEGIN. MAE WEDI CYRCYDU AR OSGO FFOETWS, A'R CEBL TRYDAN HIRWYN YN DIRWYN O'I DOR FEL LLINYN BOGAIL.*

EISTEDDA ***NIMROD*** *YN ERBYN Y GOLAU CLAERWYN, FEL BABAN YN Y GROTH.*

NIMROD: Tu hwnt i Kerguelen mae'r ynys
Lle ni safodd creadur byw,
Lle heb enw na hanes,
Ac yno yn disgwyl mae Duw.

D I W E D D

Technoleg Wybodaeth

gan Kate Woodward

Sut beth yw dawn gwybodaeth? Mae Kate Woodward yn llawn clod i ddrama newydd gan Siôn Eirian sydd yn trafod chwyldro gwybodaeth Oes y We Fyd-Eang.

Trysor o beth i actorion Cymru bellach yw sgript newydd sbon. Galluoga hyn yr actorion a'r cyfarwyddydd i fentro i dir nas troediwyd o'r blaen; rhyw fath o wlad newydd. Ond sgript newydd gan Siôn Eirian? Bron na allaf ddychmygu Tim Baker a myfyrwyr ifanc Coleg Cerdd a Drama Cymru yn glafoerio uwch ei ben, wrth arbrofi gyda'r tir difrycheulyd hwnnw. Mae'n siŵr y byddai actorion mwyaf profiadol a phroffesiynol Cymru yn awchu am gael y profiad hwnnw; i archwilio'r amrywiol haenau mewn drama gan ŵr a ddaeth â *Wastad ar y tu fas, Elvis, Y Blew a Fi, Epa yn y Parlwr Cefn* a *Paradwys Waed* i'n theatrau, a chwythu anadl i gymeriadau sydd wedi bodoli ar bapur yn unig.

Dyma'r awdur nad yw erioed wedi bod ofn peri i ni, y gynulleidfa, anesmwytho. Rhyw eistedd yn anghyfforddus mewn sêt theatr fu'r profiad o wylio dramâu Siôn Eirian erioed, wrth iddo ymrafael â phynciau dadleuol a heriol, a hynod o gymhleth, ac wedi eu trafod yn drylwyr ac uniongyrchol, gyda iaith delynegol, farddonol ar y naill law, a deialog galed, amrwd ar y llaw arall.

Os mai mentro i dir newydd a wnaeth y pum myfyriwr a Tim Baker wrth afael yn y sgript am y tro cyntaf; mentro i dir newydd a wnaeth Siôn Eirian gyda'i ddrama ddiweddaraf hefyd. Pwnc trafod y ddrama yw'r 'chwyldro newydd' sydd mor holl bresennol yn ein bywydau bob dydd, a'n hagwedd ni tuag ato. Drama gan ddyn sy'n gofidio yw *Cegin y Diafol*, drama sy'n bair o gwestiynau ynglŷn â'n cynnydd a'n datblygiad cymdeithasol fel dynoliaeth yn wyneb newidiadau anhygoel ym myd cyfathrebu. Fe leisia ofnau am ddyfodol ein cymdeithas yn wyneb datblygiad mor enfawr, mor holl-bresennol, mor aml-haenog â'r we fyd-eang. Yr hyn y ceisia'r awdur ei wneud trwy'r ddrama yw ein gorfodi i feddwl am oblygiadau cymdeithasol a ieithyddol ein perthynas â'r dulliau newydd o gyfathrebu, a'r modd y maent yn mynd i newid ein ffyrdd o greu rhyngberthnasau ystyrlon â'n gilydd. Y cwestiwn sy'n ddolef ddiddiwedd trwy gydol y ddrama ydy a yw'r chwyldro *dot.com* yma yn ein coloneiddio ni?

Coloneiddio - ie, nid gair sy'n llithro yn rhwydd i sgyrsiau bob dydd, ond gair sy'n boenus o amlwg yn y ddrama hon. Amlgya Siôn Eirian y modd y mae yna berygl i ni gael ein clymu a'n caethiwo gan y dechnoleg newydd; a chanlyniad hyn fydd coloneiddio meddyliol. Y nodwedd amlycaf o'r we yw ei bod bellach bron wedi lledu i'r byd cyfan, ac mae ofnau Siôn Eirian yn amlwg am y canlyniadau i'r ddynoliaeth, yn ogystal â'r goblygiadau i Gymru. Yn y ddrama drwyddi draw, fe geir esiamplau gwahanol o goloneiddio, o ddyfodiad milwrol y Rhufeiniaid a'u gorchestion concwerol, i ddyfodiad y chwyldro printiedig, sydd wedi esgor ar nifer o sylfeini ein cymdeithas.

Gyda'r rhan fwyaf o'n syniadaeth fodern ynglŷn â defnyddiau deallusol wedi eu ffurfio gan y gair printiedig, megis ein syniadau ynglŷn ag addysg, gwybodaeth, a gwirionedd, ofna Siôn Eirian bod y chwyldro newydd yn mynd i ddadwneud yr hyn a adeiladwyd gan ddyn fel canlyniad i'r chwyldro printiedig.

Yn hyn o beth, y mae meddyliau a phoen meddwl Siôn Eirian yn adleisio ofnau'r Americanwr Neil Postman yn ei lyfr *Amusing Ourselves To Death,* ymdriniai â newidiadau cymdeithasol o ganlyniad i ddyfodiad y teledu. Yr hyn a gred y ddau awdur yw bod yna gysylltiad cryf iawn rhwng ffyrdd dynol o gyfathrebu ac ansawdd ein diwylliant. Fel y dywed Postman, mae'r ffyrdd o gyfathrebu sydd gan y gymdeithas yn ddylanwad cryf ar dueddiadau deallusol a chymdeithasol y diwylliant hwnnw, boed yn draddodiad print, yn draddodiad teledu, neu'n draddodiad rhyngrwyd.

Byd llwyd yw byd *Cegin y Diafol*; 'byd llwyd lle bu lliw'; byd sy'n llawn cymeriadau caeth yn chwilio am ystyr yn eu byd cyfnewidiol. Llwyddwyd i gyfleu hyn yn effeithiol gan ddisgleirdeb crôm y teclynnau coginio di-ri oedd yn gefnlen i'r set, yn ogystal â'r golau glas oedd yn taflu ei gysgod oeraidd ar ei hyd. Cyfarfyddwn â Gwylan (Catrin Mara), dynes sy'n ymddangos yn seicotig, dynes na fentrodd erioed allan o'i byd bach diogel ac sy'n gaeth i gyffur. Yn ogystal â hynny mae hi'n gaeth i ddymuniadau *Apple Man*, cymeriad na welwn ond sy'n hollbresennol, cymeriad sy'n llywio ei bywyd. Portreadwyd y cymeriad yn anhygoel o dda gan Catrin Mara, gydag amseru comig llwyddiannus iawn, yn ogystal â'r gallu i ddangos i ni wendid y cymeriad, er ei rhefru a'i sgrechian gwyllt.

Cymeriadau dau-ddimensiwn bwriadol yn y ddrama yw Sophie a Pam (Kate Jarman ac Elen Gwynne). Dyma ddwy sydd wedi cofleidio'r chwyldro yn ei holl ogoniant. Yn frith o ffonau symudol, ac o jargon cyfrifiadurol, dyma ddwy *cyber-babe* sydd wedi mopio'n llwyr hefo'r *Web Master*, gyda'u ffordd o gyfathrebu eisoes yn drwm o ddylanwad y chwyldro, gyda'u geirfa'n frith o *invalid password* a *Web master*. Adroddwyd hanes diweddaraf 'seleb' ar ôl 'seleb' i ni, gwybodaeth ddiystyr a leisiwyd mewn llais Americanaidd, a amlyga'r diwylliant 'byd-eang' a grëir gan y We. Edrycha'r ddwy yma tuag at y We gan obeithio cael profiad ystyrlon, ond mewn gwirionedd, gwacter ystyr a geir yno. Roedd egni anhygoel yn nodweddu eu perfformiadau, ac roeddent yn cynnal egni'r ddrama gyfan; yn ogystal â'r diosg dillad a'r campau rhywiol a roddai brofiad eithaf *voyeuristic* i'r gynulleidfa.

Cymeriad hynod o bwysig, er nad ymddangosodd tan ail hanner y ddrama, oedd Greta (Branwen Davies). Dyma'r cymeriad a rydd oleuni i ni ar gymeriad Gwylan, cymeriad sy'n rhoi cyd-destun iddi, yn rhoi gorffennol, ac sy'n gwneud i ni ei gweld hi mewn ffordd gwbl wahanol. Dysgwn am gyfeillgarwch Greta a Gwylan, a'r modd y teithiodd y ddwy y byd. Gwelwn Gwylan mewn golau newydd - dyma rywun sydd wedi 'byw' i'r eithaf, wedi gweld rhyfeddodau'r byd. Rhywun a fu gynt yn rhydd ac sydd wedi profi bywyd yn ei holl ogoniant. Er y profiadau lu, a'r gorffennol gwych oedd gan Gwylan, canlyniad hyn yw ei bod hi hefyd yn gaeth i'r cyffur mescalin.

Cymeriad sydd ar drugaredd y merched yw Nimrod (Aled Pugh). Y mae pob un o'r pedair merch yn ei orfodi i gael cyfathrach rywiol gyda hwy, sy'n amlygu'r modd y mae'r weithred gorfforol agosaf bellach bron â bod yn gwbl ddiystyr. Defnyddiant ef i fodloni chwant rhywiol personol hunanol. 'Hen deip' yw Nimrod, ac er iddo ymddangos yn ddyn gwan, wrth ildio i orchmynion rhywiol y pedair, dyma ddyn sy'n driw i'w feistres, Gwylan; mwy triw nag y gallai'r ddwy *cyber-babe* byth fod. Ef hefyd sy'n meddu ar iaith goeth, lenyddol, brydferth, sy'n rhoi rhyddid i Siôn Eirian ddangos yr iaith Gymraeg yn ei holl ogoniant barddonol, wrth amlygu ei ofidiau ynglŷn â dyfodol iaith - neu fel y dywed y ddrama 'iaith, y crwsâd cyfiawn eithaf, a'r olaf'. A dyma yw hanfod y ddrama, ein bod ni fel pobl, wrth rannu iaith, yn rhannu rhywbeth. Ym myd *Cegin y Diafol*, mae'r enw yn amrywio o 'Dafol' i 'Diafol' i 'Criafol', yn amlygu gwacter ystyr ac erydiad iaith.

Yn anochel, mewn drama sydd â chymeriadau o'r enw 'Greta' a 'Gwylan', fe ddaeth y jôc yn cyfeirio at Leifior, ond er bod eiliadau o gomedi fel hyn yn ysgafnhau'r profiad dwys o wylio drama ingol o'r math hwn, roedd yna arwyddocâd difrifol i'r jôc. Wrth i Siôn Eirian gynnwys jôc am Lleifior, roedd yn dibynnu ar ein hymwybyddiaeth Gymraeg ni, ymwybyddiaeth o ddiwylliant ymwybodol rydym yn ei rhannu yn ein cymdeithas gyfoes. Yn y chwyldro technolegol diweddaraf, rhaid codi'r cwestiwn a fydd hyn yn bodoli o gwbl neu a ydym, fel y dywed y dramodydd, yn 'rhannu planed ond heb rannu profiad'.

Er fod y cast yn ifanc, cafwyd perfformiadau da ganddynt. Roedd cyfarwyddwr mor brofiadol â Tim Baker yn amlwg wedi cael hwyl arni gyda'r cast, gydag egni yn llifo trwy'r perfformiad, a ddaeth, mae'n siŵr, o'i gyfarwyddo sensitif. O ganlyniad i'r egni hwn, yn ogystal â sgript swmpus a dwys Siôn Eirian, rhoddwyd profiad ingol i'r gynulleidfa, profiad a fydd yn sicr yn esgor ar drafodaethau lu. Yn y perfformiad, cafwyd awr a chwarter o ddwyster mewn tonnau, heb roi cyfle, bron, i'r gynulleidfa gael ei gwynt ati.

Braf yw'r ffaith bod gennym ni yng Nghymru ddramodwyr sydd yn hawlio sylw pan mae ganddynt gynnyrch newydd, a bod y peth yn 'ddigwyddiad' bron.
Mae'n arwyddocaol mai un o'n colegau a gomisiynodd y ddrama hon, drama a fuasai yn rhy ddrud o lawer i'r mwyafrif o'n cwmnïau theatr deithio â hi gyda phum actor. Braf yw gweld hefyd bod y chwyldro newydd hwn yn cael ei drafod yn y theatr yng Nghymru. Felly, y tro nesaf y gwnewch chi logio ymlaen, syrffio'r we neu ateb e-bost yn gyflym, meddyliwch am y goblygiadau ehangach. Fel y dywed Neil Postman yn *Amusing Ourselves to Death:*

Our languages are our media.
Our media are our metaphors.
Our metaphors create the
content of our culture.